Les menus solution
famille

6 semaines | 105 recettes rapides

Éditrice : Mylène Des Cheneaux
Coordination éditoriale : Ariane Caron-Lacoste
Révision linguistique : Pascale Matuszek
Correction d'épreuves : Marie-Nicole Cimon
Direction artistique et conception de la couverture : Johanna Reynaud
Conception de la maquette intérieure : Nathalie Samson
Infographie : Studio C1C4 et Clémence Beaudoin
Photographie de couverture : Christian Blais et FH Studio
Stylisme culinaire de la couverture : Solène Thouin
Photographies intérieures et stylisme culinaire : Emilie Gaillet
Accessoires de cuisine : V de V Maison, Cœur d'artichaut, Gaïa céramiques

Crédits fotolia : p.8, Monkey Business; p. 9, Tatyana Gladskih; p. 10 à droite, contrastwerkstatt; p. 10 à gauche, WavebreakMediaMicro; p. 11 et 12, photophonie; p. 15, Iryna; p. 16, Adamov; p. 18 à droite, mashiki; p. 18 à gauche, zilvergolf; p. 19, bernardbodo; p. 20, Irina Schmidt; p. 21, slast20; p. 22, colnihko; p. 23 à droite, Africa Studio; p. 23 à droite au bord, akepong; p. 23 à gauche, denira; p. 24, Elena Schweitzer; p. 25, domnitsky; p. 25, kolesnikovserg; p. 25, mihalec; p. 26, lithiumphoto; p. 28, rh2010; p. 29, Vadim; p. 30, Iryna Melnyk; p. 31 à droite, bst2012; p. 31 à gauche, Robert Kneschke; p. 32, okkijan2010; p. 33, LIGHTFIELD STUDIOS; p. 36, James Sally Peacott; p. 39, Jenifoto; p. 40, fotografiche.eu; p. 44, Vicopico; p. 58 à droite, kaiskynet; p. 59 à gauche, Viktor; p. 64, tunedin; p. 72, Andrea; p. 82, LIGHTFIELD STUDIOS; p. 86, denira; p. 92, nedim_b; p. 118, jpleskachevskaia; p. 122, papinou; 136, tunedin; p. 146, Viktor; p. 157, M.Studio; p. 161, Dimitri Stalnuhhin; p. 169, oxie99; p. 185, Jiri Hera; p. 198, sommai.
Crédits Shutterstock : p. 17, Halfpoint; p. 27, FamVeld.

Catalogage avant publication de Bibliothèque et Archives nationales du Québec et Bibliothèque et Archives Canada
Huot, Isabelle, 1970-, auteur
    Les menus solution famille : 6 semaines, 105 recettes rapides / Isabelle Huot, Nathalie Regimbal.
    Comprend un index.
    ISBN 978-2-89761-078-4
    1. Cuisine rapide. 2. Menus - Planification. 3. Livres de cuisine. I. Regimbal, Nathalie, 1970-, auteur. II. Titre.
TX833.5.H86 2018   641.5'55   C2018-941577-0

Les éditions du Journal
Groupe Ville-Marie Littérature inc.*
Une société de Québecor Média

1055, boulevard René-Lévesque Est
Bureau 300
Montréal (Québec) H2L 4S5

Tél. : 514 523-7993
Téléc. : 514 282-7530

Courriel : info@leseditionsdujournal.com
Vice-président à l'édition : Martin Balthazar

Distributeur
Les Messageries ADP inc.*
2315, rue de la Province
Longueuil (Québec) J4G 1G4

Tél. : 450 640-1234
Téléc. : 450 674-6237

* filiale du Groupe Sogides inc.,
    filiale de Québecor Média inc.

Les éditions du Journal bénéficient du soutien de la Société de développement des entreprises culturelles du Québec (SODEC) pour son programme d'édition.

Gouvernement du Québec – Programme de crédit d'impôt pour l'édition de livres – Gestion SODEC.

Dépôt légal : 3e trimestre 2018

Isabelle Huot Dt.P, PhD nutritionniste
Nathalie Regimbal Dt.P. nutritionniste

Les menus
solution
famille

6 semaines | 105 recettes rapides

SOMMAIRE

REMERCIEMENTS

Merci à toute l'équipe des Éditions du Journal pour leur enthousiasme et leur engagement soutenu tout au long du projet. Un merci particulier à Mylène Des Cheneaux pour sa vision, sa passion et son engouement depuis le tout début. Un merci à Johanna Reynaud pour sa vision artistique globale du livre, le résultat est «WOW!». Merci à Emilie Gaillet pour son immense talent en tant que photographe et styliste. Emilie sait créer une ambiance qui ne peut que favoriser l'envie de se réunir plus souvent pour manger en famille.

Que dire de la séance photo pour la page couverture. Des fous rires et du bonheur en vrac! Merci à toute l'équipe de FH Studio et spécialement à Christian Blais. Merci à Solène Thouin pour la préparation des plats, la table était magnifique. Merci aussi à Anabelle Deschamps pour la mise en beauté simple et naturelle. Et un gros merci à Anaïs et Samuel Meunier-Forget. Nous avons eu tellement de plaisir avec vous!

Merci à toute l'équipe chez Kilo Solution, tout spécialement Juliette Casgrain et Amélie Robert pour leur rigueur et leur précieuse collaboration dans les calculs des valeurs nutritives, la rédaction des nutri-notes et dans l'élaboration des listes d'épicerie. Merci aussi aux nutritionnistes qui ont testé plusieurs recettes avec leur famille notamment Elaine Caponi, Mélissa Larivière et Stéphanie St-Laurent.

Merci à la stagiaire en nutrition de Kilo Solution Marie-Pier Pitre D'Iorio pour ses créations de collations santé. Marie-Pier, bravo pour tes inspirations créatives et les petits bonheurs au bureau quand venait le temps de tout déguster! Merci à Sonia Lizotte, la pro des «*one pot*» pour sa précieuse collaboration.

Merci à Marie-Ève Boulais, pour ta débrouillardise et ta fraîcheur dans la cuisine. Merci à Melissa Girouard pour ton sens de l'organisation et ta créativité. C'était si facile et agréable de travailler avec vous. Soyez fières de vos accomplissements!

Merci aussi à toutes les familles et à nos amis qui ont bien voulu mettre la main à la pâte pour tester les nombreuses recettes. Nous pensons particulièrement à Sophie Boilard Fraser, Erika Bilodeau, Roxanne Cloutier et à leur famille qui ont cuisiné, goûté et commenté plusieurs recettes. Sachez que votre contribution a été très appréciée.

Merci également à Marianne Petit et sa famille (Nicolas, Ève, Émilie et Simon), ainsi que Nathalie Kobel et sa famille (Daniel, Élodie, Jasmine et Ariane) qui ont vraiment «vécu» les semaines de menu.

Nous voudrions aussi remercier Christine Gadonneix. Pendant que nous réalisions ce rêve de créer un livre de recettes pour les familles, elle montait la garde pour Nathalie.

Merci aux enfants de Nathalie: Antoine, Émile et Aurélie ainsi qu'à leurs amis, plus particulièrement Jessica et Connor. Merci d'avoir goûté aux nombreuses recettes (et ce, plusieurs fois pour arriver à la recette finale)!

Merci à toutes les familles qui se sont procuré le livre. Merci de prendre le temps de cuisiner. Toute l'équipe vous souhaite de nombreux repas entourés de ceux qui vous sont chers!

Isabelle Huot et Nathalie Regimbal

INTRODUCTION
NOS MENUS
SOLUTION FAMILLE

J'ai connu un grand succès avec les livres *Kilo Cardio* et *Kilo Solution* qui proposent un menu détaillé et adapté aux besoins énergétiques de chacun, des recettes simples ainsi qu'une liste d'épicerie hebdomadaire. Une formule «clé en main» grandement appréciée! Cette fois, j'avais envie d'offrir la même proposition pratique s'adressant à un public soucieux de sa santé, mais qui n'est pas dans une démarche de perte de poids. Des menus bâtis pour les familles et des recettes pour 4 personnes, toujours avec la même simplicité.

Nathalie et moi proposons 6 semaines de menus équilibrés, qui incluent des dîners et des soupers. Les recettes présentées sont simples et ne nécessitent pas plus de 30 minutes de préparation. Au menu: variété, couleur et saveur! Votre marmaille et vous pourrez découvrir, avec *Les menus solution famille*, une foule de recettes nutritives s'inspirant des traditions d'ici et d'ailleurs.

Les menus solution famille propose également un menu détaillé du lundi au vendredi, qui inclut tous les repas de la journée pour vous aider à manger santé au quotidien. Puisque les besoins et les goûts varient considérablement selon les enfants, ces menus ne sont que des suggestions. On peut les modifier à notre guise, notamment en pigeant dans nos idées de déjeuners et de collations présentées en page 33. De quoi vous inspirer!

Quant aux listes d'épicerie incluses, elles ont été créées à partir des recettes de lunchs et de soupers. Il faut donc ajouter à ces listes les aliments nécessaires au petit déjeuner, aux collations et aux accompagnements du dîner.

Aux menus et recettes qui leur sont associées s'ajoutent 30 recettes substituts qui pourront remplacer les soupers qui vous inspirent moins. Parmi ces dernières, on vous offre 10 recettes de *one pot* qui volent la vedette par leur simplicité. Tout en une seule casserole, on adore! Enfin, une section est consacrée aux recettes de muffins, galettes, barres, boules d'énergie, question de cuisiner vos propres collations.

J'espère vraiment que cet ouvrage sera un outil de choix qui ajoutera de la variété et tous les nutriments dont vous avez besoin à vos menus. Gageons que *Les menus solution famille* favorisera également de beaux moments d'échange en famille autour d'une table bien garnie!

Isabelle Huot, Dre en nutrition

HABITUDES ALIMENTAIRES DES CANADIENNES ET DES CANADIENS : LE PORTRAIT

67%
APPORTENT LEUR LUNCH AU BOULOT CHAQUE JOUR.

LE SAVIEZ-VOUS?

Les enfants et les adolescents qui prennent leurs repas en famille ont une alimentation plus équilibrée. Ils consomment davantage de légumes et de fruits, et moins de boissons sucrées. De ce fait, l'alimentation des enfants et des adolescents qui mangent à table en famille est plus riche en fibres et leur apporte davantage de minéraux et de vitamines, comme le fer et le calcium. Ils présentent également moins de risque de surpoids et d'obésité.

On rapporte aussi que les enfants et les adolescents qui savourent leurs repas en famille obtiennent de meilleurs résultats scolaires et sont moins susceptibles de fumer, de prendre de la drogue ou encore de développer des troubles du comportement alimentaire.

Source : Les diététistes du Canada

- 60 % des Canadiens ont appris à cuisiner avec leur mère.

- Parmi les personnes pour qui manger sainement est une priorité, 67 % apportent leur lunch au boulot chaque jour.

- Néanmoins, le tiers d'entre elles estiment que la préparation de la boîte à lunch est une corvée quotidienne.

- 65 % des ménages décident de ce qu'ils mangeront au souper le jour même, en général autour de 16 h ou 17 h.

60%

DES CANADIENS ONT APPRIS À CUISINER AVEC LEUR MÈRE.

- Si les pâtes et le poulet sont les plats les plus populaires au souper, plusieurs familles se tournent inévitablement vers la restauration, ce qui diminue bien souvent la qualité nutritionnelle des repas consommés.

- En moyenne, 38 minutes sont consacrées à la préparation du souper.

- Si un peu plus de 10 % des répondants au sondage admettent naviguer sur les divers réseaux sociaux lors des repas, c'est encore le téléviseur qui occasionne le plus de distraction à table (45 % des répondants).

Source : Grand Sondage Ricardo, Léger Marketing, 2016

BON À SAVOIR !

En plus de nuire aux échanges entre les membres d'une même famille, le fait d'être distrait en mangeant affecte notre capacité à reconnaître nos signaux de faim et de satiété. Résultat : on mange souvent plus que notre faim réelle !

Indispensable planification

Manger sainement passe inévitablement par une bonne planification ! Élaborer un menu hebdomadaire qui plaira à tous, faire les courses et cuisiner en famille lorsque le temps nous le permet sont toutes des astuces gagnantes pour une planification réussie. *Les menus solution famille* deviendra, j'en suis convaincue, une référence au quotidien pour manger sainement en famille !

Bon appétit !

11

REPAS :
HARMONIE OU QUERELLE?

Tous les parents souhaitent que le moment du repas et des collations soit agréable. Cependant, la situation peut tourner au vinaigre lorsqu'un enfant refuse de manger ce qui lui est offert.

Connaître le rôle du parent et celui de l'enfant

Pour améliorer l'atmosphère des repas et des collations, il faut bien connaître le rôle du parent et le rôle de l'enfant en ce qui concerne l'alimentation.

Le rôle du parent :
- Il est responsable du choix des aliments tout au long de la journée (repas et collations).
- Il est responsable de l'endroit où sont consommés les aliments.
- Il est responsable de l'heure à laquelle les aliments sont consommés.

Le rôle de l'enfant :
- Il est responsable de la quantité d'aliments consommés.

Devant un enfant qui ne mange pas, le parent doit éviter de réagir et se souvenir de cette répartition des rôles. L'adulte a la responsabilité d'offrir à son enfant des aliments variés pour développer de bonnes habitudes alimentaires et une saine relation avec la nourriture tout autant que pour combler ses besoins nutritionnels.

Respecter les signaux de faim et de satiété de l'enfant

Chacun naît avec un instinct qui fait ressentir la faim... et le moment où l'on est rassasié. Ce sont les signaux de faim et de satiété. Ainsi, le parent qui force l'enfant à aller au-delà de sa faim l'empêche d'écouter ces signaux, ce qui ouvre la porte à un risque accru de maladies chroniques, tels l'obésité, les maladies cardiovasculaires, le diabète, etc.

RASSURER L'ENFANT FACE À LA NOUVEAUTÉ

Pour encourager l'enfant à goûter à de nouveaux aliments, il est important de servir le même repas pour tout le monde autour de la table. En voyant d'autres personnes savourer et apprécier la nourriture, il sera plus susceptible d'y goûter. Il est aussi préférable d'inclure au moins un ou deux aliments qu'il consomme habituellement, car il peut facilement se décourager en ne recevant que des aliments peu appréciés ou inconnus. Il faut garder espoir et continuer à offrir un peu de tout à chaque repas.

FAVORISER UN ENVIRONNEMENT PLAISANT ET HARMONIEUX À TABLE

Le repas doit être un moment agréable pour tous les membres de la famille et le tout doit se faire dans le respect. Dès que l'enfant est capable de comprendre, il faut lui enseigner, et lui rappeler périodiquement, les règles pour bien se comporter à table : s'asseoir correctement, s'exprimer respectueusement, être calme et s'essuyer la bouche avec une serviette de table.

Aussi, il vaut mieux éliminer les sources de distractions telles que la télévision, la tablette électronique, le téléphone, les jeux, les jouets, les livres ou autres. Elles peuvent nuire à l'écoute des signaux de faim et de satiété ainsi qu'à la dynamique familiale.

Partager un repas avec la famille et les amis est un moment privilégié. Pour en profiter pleinement, il vaut mieux éviter de mettre l'accent sur la quantité de nourriture consommée par l'enfant. Il faut plutôt se concentrer sur le plaisir d'être réunis. Aussi, prendre le temps de manger, éviter les distractions et engager la conversation sur d'autres sujets que la nourriture et les bonnes manières sont également la clé du succès d'un repas harmonieux.

EN RÉSUMÉ...

RESPONSABILITÉS DU PARENT À L'HEURE DU REPAS :

Offrir des aliments variés pour la santé, le plaisir et la découverte.

Proposer les collations et les repas à des heures régulières.

Offrir les repas dans une pièce sans distractions.

Donner l'exemple en appréciant des aliments variés et nutritifs.

Favoriser les bonnes manières à la table.

Respecter la faim et les goûts de l'enfant.

Mettre l'accent sur la chance d'être réunis plutôt que sur la quantité de nourriture consommée.

RESPONSABILITÉS DE L'ENFANT À L'HEURE DU REPAS :

Respecter ses signaux de faim et de satiété.

Dès que l'enfant est capable de comprendre, il devrait être encouragé à :

s'exprimer respectueusement ;

être calme ;

s'asseoir correctement ;

s'essuyer la bouche avec une serviette.

Références :

Satter, Ellyn, « Childhood Feeding Problems and Solutions », *Ellyn Satters Institute*, [s.d.], https://www.ellynsatterinstitute.org/how-to-feed/childhood-feeding-problems/ [consulté le 7 novembre 2017].

Centre hospitalier de l'Université de Montréal (CHUM), « Signes de faim du bébé », [s.d.], http://www.chumontreal.qc.ca/patients-et-soins/centre-des-naissances-du-chum/allaitement/signes-de-faim-du-bebe [consulté le 15 novembre 2017].

POUR LES PARENTS...

RECONNAÎTRE LES SIGNES QU'UN POUPON OU UN ENFANT A FAIM...

s'éveille et s'étire ;

porte la main à la bouche ou au visage ;

cherche à téter ou cherche de la nourriture ;

fait des mouvements de succion avec la bouche ;

est irritable ;

pleure ;

est moins concentré et a une baisse d'énergie ;

a le ventre qui gargouille ou a mal au ventre.

RECONNAÎTRE LES SIGNES QU'UN POUPON OU UN ENFANT N'A PLUS FAIM...

repousse son biberon ou le sein ;

mange moins vite ;

ferme la bouche ;

détourne la tête ;

jette la cuillère ou les aliments ;

joue avec la nourriture ;

veut se lever et jouer.

Les diététistes du Canada, « Feeding Your 6-12 year Old Picky Eater : Practice-based Evidence in Nutrition® [PEN] Knowledge Pathway. Healthy Weight/Obesity-Pediatric/Paediatric », 21 novembre 2016, http://www.pennutrition.com [consulté le 15 novembre 2017].

Santé Canada, Société canadienne de pédiatrie, Diététistes du Canada et Comité canadien pour l'allaitement, « La nutrition du nourrisson né à terme et en santé : Recommandations pour l'enfant âgé de 6 à 24 mois », 2014, http://www.hc-sc.gc.ca/fn-an/nutrition/infant-nourisson/recom/recom-6-24-months-6-24-mois-fra.php#a5 [consulté le 1er février 2017].

CUISINER
AVEC UN ENFANT

Cuisiner est une des compétences importantes de
la vie courante et c'est aussi une façon d'adopter de
saines habitudes alimentaires. Impliquer l'enfant dans
la préparation des repas et des collations est bénéfique
non seulement pour lui, mais également pour le parent.

POURQUOI FAIRE PARTICIPER UN ENFANT ?

Pour un enfant, cuisiner est un jeu et non une tâche. Il sera fier d'avoir participé à la préparation d'un mets et, en plus, il sera heureux de pouvoir passer du temps avec son parent !

Il y a plusieurs bonnes raisons d'initier un enfant à la cuisine. En participant à la préparation des repas, il acquiert de nouvelles connaissances, ce qui contribue à son développement intellectuel. Par exemple, il comprend le lien qui existe entre les quantités, les nombres et les mesures. Faire la cuisine lui permet aussi d'exercer sa motricité fine et participe à son développement socio-affectif. En effet, sur le plan social, le parent l'aide à progresser en lui confiant des tâches, ce qui lui fait sentir qu'il a de l'importance au sein de la famille, qu'il joue un rôle spécial. Et, sur le plan affectif, il l'encourage également en lui apprenant à persévérer pour mener à bien une tâche.

De plus, il est toujours plus invitant de goûter à ce que l'on a préparé. Lorsque l'enfant participe au choix des aliments et à la préparation des recettes, il y a de fortes chances qu'il soit plus ouvert à essayer de nouveaux mets. Ainsi, cela pourrait être un bon moyen d'encourager l'enfant qui est moins ouvert à de nouvelles saveurs à explorer et à découvrir de nouveaux aliments.

QUE PEUT FAIRE L'ENFANT ?

Selon son développement et son intérêt, l'enfant peut contribuer à sa façon à la confection d'un repas. Le parent qui l'encourage à participer l'aidera à développer cet intérêt. Dès le plus jeune âge, l'enfant peut être invité à faire des tâches simples pour progressivement passer à des tâches plus complexes.

*Les âges sont à titre indicatif.

ENFANTS ÂGÉS DE 2 À 3 ANS :

laver les fruits et les légumes ;

compter les ingrédients ;

ajouter les ingrédients dans un bol ;

insérer les papiers dans les moules à muffins ;

sentir les fines herbes et les épices ;

déchirer les fines herbes ou la laitue avec les doigts ;

ajouter une pincée d'épices ou de fines herbes à un mélange ;

activer le robot culinaire ou un autre appareil électroménager sécuritaire sous la supervision d'un adulte.

ENFANTS ÂGÉS DE 3 À 4 ANS :

laver les fruits et les légumes ;

regrouper et compter les ingrédients ;

vider le contenu des tasses à mesurer ;

insérer les papiers dans les moules à muffins ;

sentir les fines herbes et les épices ;

déchirer les fines herbes ou la laitue avec les doigts ;

utiliser un couteau à bout rond ou une spatule pour tartiner ;

ajouter une pincée d'épices ou de fines herbes à un mélange ;

activer le robot culinaire ou un autre appareil électroménager sécuritaire sous la supervision d'un adulte ;

mélanger les ingrédients dans un bol ;

réduire en purée des bananes, des pommes de terre cuites, des patates douces cuites, etc. (dans un grand bol avec le pilon à pommes de terre) ;

retirer la coquille des œufs cuits durs.

ENFANTS ÂGÉS DE 5 À 6 ANS :

laver les fruits et les légumes ;

regrouper et compter les ingrédients ;

vider le contenu des tasses à mesurer ;

insérer les papiers dans les moules à muffins ;

couper un papier parchemin pour couvrir le fond d'un moule ;

sentir les fines herbes et les épices ;

déchirer les fines herbes ou la laitue avec les doigts ;

couper les aliments tendres avec un couteau à bout rond (légumes et fruits cuits, légumes et fruits crus tendres ou bien mûrs, fromage, tofu, pains, fines herbes, etc.) ;

ajouter une pincée d'épices ou de fines herbes à un mélange ;

activer le robot culinaire ou un autre appareil électroménager sécuritaire sous la supervision d'un adulte ;

mélanger les ingrédients dans un bol ;

casser un œuf à la fois dans un bol avant de le verser dans le grand bol à mélanger ;

battre un œuf avec une fourchette ou un fouet dans un grand bol.

Vers 5-6 ans, l'enfant commence à développer le sens de ce qu'est un ordre de grandeur. Ainsi, l'adulte peut lui demander, par exemple, de choisir la plus petite pomme pour la recette ou la plus grande cuillère de bois pour mélanger les ingrédients. Comme l'apprentissage de la lecture est commencé à l'école, le parent peut aussi l'inviter à lire les recettes en faisant glisser son doigt de gauche à droite sur la page ou à regarder les images illustrant les étapes de préparation. Il peut également lui demander s'il y a des lettres identiques à son nom dans certains mots et lui faire remarquer qu'elles font le même son.

ENFANTS ÂGÉS DE PLUS DE 12 ANS :

L'adulte peut demander à l'adolescent de l'aider à planifier les menus, à élaborer la liste d'épicerie, à préparer sa boîte à lunch, à cuisiner un repas tout seul ou avec un peu d'aide, etc. Toutefois, le parent doit s'assurer de lui rendre la tâche agréable, afin qu'il ne perçoive pas cela comme une corvée. Par exemple, il peut être bon de lui enseigner des techniques plus avancées et de l'encourager à essayer des recettes qui l'inspirent. L'adulte peut lui proposer de préparer des repas thématiques (mexicain, italien, asiatique, sushi, végétarien, etc.) ou d'inviter des amis pour l'aider à cuisiner.

Il faut bien entendu garder en tête que, peu importe l'âge de l'enfant, ce dernier doit être accompagné et encouragé, et que les dégâts et le nettoyage font partie de l'apprentissage. Chaque enfant est unique et se développe à son propre rythme.

ENFANTS ÂGÉS DE 7, 8 ET 9 ANS :

laver les fruits et les légumes ;

mesurer les ingrédients secs et liquides ;

mélanger les ingrédients dans un bol ;

déposer de la pâte à gâteau ou à muffin dans le plat de cuisson ;

couper les aliments tendres avec un couteau à bout rond (légumes et fruits cuits, légumes et fruits crus tendres ou bien mûrs, fromage, tofu, pain, fines herbes, etc.) ;

utiliser le matériel de cuisine de base (ouvre-boîte, mélangeur, économe, râpe, batteur électrique, grille-pain, etc.) après lui avoir montré comment s'en servir de façon sécuritaire.

ENFANTS ÂGÉS DE 10, 11 ET 12 ANS :

réaliser seul toutes les étapes d'une recette, sauf la cuisson, qui se fera sous la supervision d'un adulte ;

utiliser un couteau pour couper de la viande cuite, des fruits et légumes faciles à couper, du fromage, du tofu, du pain, etc. ;

utiliser la cuisinière pour faire cuire des aliments sous la supervision du parent ;

manipuler la viande crue ou cuite en respectant les règles d'hygiène et de salubrité.

Références :

Gouvernement du Canada, « Cuisiner avec les enfants », 2017, https://www.canada.ca/fr/sante-canada/services/conseils-alimentation-saine/conseils-saine-alimentation-familles/cuisiner-enfants.html [consulté le 14 novembre 2017].

Saine alimentation Ontario, « Cuisiner avec des enfants de tous âges », 2016, http://www.eatrightontario.ca/fr/Articles/Enfants/Cuisiner-avec-les-enfants.aspx?aliaspath=%2fen%2fArticles%2fChild-Toddler-Nutrition%2fCooking-with-Kids#.UkWx65S1Zet [consulté le 14 novembre 2017].

Saine alimentation Ontario, « Dix trucs simples pour intéresser vos ados à la cuisine », 2016, http://www.eatrightontario.ca/fr/Articles/Adolescence/Dix-trucs-simples-pour-interesser-vos-ados-a-la-cu.aspx?aliaspath=%2fen%2fArticles%2fAdolescents-teenagers%2fTop-10-easy-ways-to-get-teens-cooking#.UkWxuZS1Zes [consulté le 14 novembre 2017].

TRUCS ET ASTUCES
POUR RENDRE L'ALIMENTATION DE LA FAMILLE PLUS NUTRITIVE

OMÉGA-3

Les oméga-3 sont des acides gras essentiels que l'on retrouve dans notre alimentation sous trois types : acide alpha-linolénique (AAL), acide docosahexaénoïque (ADH), acide eicosapentaénoïque (AEP). L'ADH fait partie des constituants de base du cerveau. Il est donc un élément important pour le cerveau de l'enfant qui est en plein développement. Chez les femmes enceintes ou celles qui allaitent, on a constaté que la consommation d'oméga-3 provenant de poissons gras menait à un meilleur développement neurologique chez l'enfant. Les oméga-3 agissent également comme anticoagulants et anti-inflammatoires, et aident à soutenir le système immunitaire. Leur consommation est associée à une réduction du risque de maladies cardiovasculaires et d'accident vasculaire cérébral (AVC).

Trucs et astuces

- Le saumon, le hareng et la sardine en conserve peuvent être facilement ajoutés aux salades, aux sandwichs, aux recettes de pâtes alimentaires, etc.

- Les graines de lin ou de chia moulues et les graines de chanvre peuvent être incorporées (à raison de 60 ml environ) dans les recettes de muffins, de gâteaux, de pains, de granola, etc.

- Elles peuvent aussi être saupoudrées sur les yogourts, les compotes, les céréales, le gruau et les salades.

- On peut mélanger un peu de graines de lin moulues avec du beurre de noix et l'étaler sur les rôties.

- Des graines de chanvre peuvent être ajoutées dans les recettes de pain de viande et de boulettes de viande.

CALCIUM, VITAMINE D ET AUTRES MINÉRAUX

Les enfants et les adolescents acquièrent de la masse osseuse jusqu'au début de l'âge adulte, pour ensuite diminuer graduellement. La formation d'os denses et solides durant l'enfance et l'adolescence fait diminuer le risque de souffrir d'ostéoporose et de subir des fractures plus tard à l'âge adulte. Le calcium, la vitamine D, le phosphore, le magnésium et le fluor sont des éléments essentiels pour avoir des os solides et en santé. Il est donc important que l'alimentation de la famille contienne suffisamment de ces nutriments.

Trucs et astuces

• Ajouter au yogourt nature, au choix, des fruits frais, surgelés, séchés, en coulis ou en compote ainsi que de la noix de coco râpée non sucrée, de l'extrait de vanille, de la cannelle moulue, du miel, du sirop d'érable, du zeste de citron ou d'orange, etc. Il ne restera qu'à répartir le yogourt dans des contenants individuels pour les boîtes à lunch, une étape qui peut être faite à l'avance.

• Du yogourt grec nature peut être utilisé pour préparer les trempettes qui accompagneront les crudités, et les vinaigrettes pour les salades.

• Le yogourt nature servira aussi comme garniture dans les sandwichs. Différentes combinaisons sont possibles : ail, pesto, herbes fraîches (aneth, ciboulette, persil, coriandre, menthe, etc.), moutarde, miel, zeste ou jus de citron ou d'orange, concombres râpés, purée d'avocat, etc.

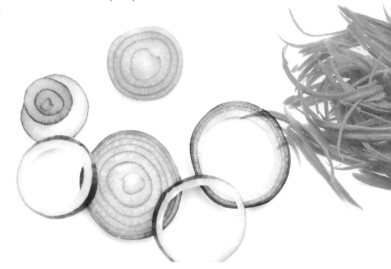

ANTIOXYDANTS

Les antioxydants tels que les vitamines A, C et E ainsi que le sélénium protègent les cellules du corps contre les dommages normaux de la vie quotidienne. Grâce à leurs fonctions d'antioxydants, ces nutriments peuvent aider à réduire le risque de cancer et de maladies cardio-vasculaires. Ces vitamines et minéraux sont présents dans plusieurs aliments, mais surtout dans les fruits, les légumes, les noix et les graines. C'est pourquoi il faut s'assurer que toute la famille consomme une belle variété de ces aliments.

Trucs et astuces

• Des oignons, des carottes râpées, des épinards, etc., peuvent être ajoutés aux recettes traditionnelles (sauce à spaghetti, pain de viande, etc.).

• Des pousses, de la roquette, des carottes ou des betteraves râpées, du chou rouge émincé, des oignons verts, des avocats, des champignons grillés, des tranches de concombre ou de tomate, du céleri, etc., peuvent être mis dans les sandwichs et les bols-repas.

PROTÉINES VÉGÉTALES ET ANIMALES

Les protéines sont importantes pour synthétiser différentes enzymes et hormones, et pour la santé de différents tissus (muscles, organes, sang, etc.). Elles sont également importantes pour maintenir un bon système immunitaire et stimuler la croissance de l'enfant. Ainsi, un apport inadéquat en protéines peut entraîner un ralentissement de la croissance et une diminution de la masse musculaire. Les protéines permettent également de rendre les repas plus rassasiants. On les retrouve dans plusieurs aliments d'origine animale (œufs, poissons, fruits de mer, produits laitiers, viandes et abats), mais aussi d'origine végétale (légumineuses, produits à base de soya, noix, graines, et autres).

Trucs et astuces

- Les graines, les noix, le tofu, les légumineuses peuvent rehausser les salades, les sandwichs et les bols-repas.

- Le bœuf, le porc, le poulet, les œufs cuits durs, les poissons et les fruits de mer peuvent être servis froids et garnir les sandwichs, les salades ou les bols-repas.

- Les légumineuses peuvent être intégrées dans les soupes-repas, les salades-repas, les ragoûts, les chilis, les mijotés, etc.

- Les légumineuses peuvent remplacer une partie de la viande ou de la volaille dans les recettes de chili, de boulettes, de pâtés, de sauces, etc.

Références :

Gouvernement du Canada, « Planification des repas », 2007, https://www.canada.ca/fr/sante-canada/services/aliments-nutrition/guide-alimentaire-canadien/comment-utiliser-guide-alimentaire/planification-repas.html [consulté le 15 novembre 2017].

Santé Canada, « Les enfants canadiens comblent-ils leurs besoins en nutriments uniquement grâce à l'alimentation ? », 2012, https://www.canada.ca/fr/sante-canada/services/aliments-nutrition/surveillance-aliments-nutrition/sondages-sante-nutrition/enquete-sante-collectivites-canadiennes-escc/enfants-canadiens-comblent-leur-besoins-nutriments-uniquement-grace-alimentation-sante-canada-2012.html [consulté le 15 novembre 2017].

Santé Canada, « Les adolescents canadiens comblent-ils leurs besoins en nutriments uniquement grâce à l'alimentation ? », 2012, https://www.canada.ca/fr/sante-canada/services/aliments-nutrition/surveillance-aliments-nutrition/sondages-sante-nutrition/enquete-sante-collectivites-canadiennes-escc/adolescents-canadiens-comblent-leur-besoins-nutriments-uniquement-grace-alimentation-sante-canada-2012.html [consulté le 15 novembre 2017].

GRAINS ENTIERS

Les produits céréaliers de grains entiers sont importants, car ils procurent des glucides, des fibres, des vitamines (le folate, la thiamine, la riboflavine et la niacine) et des minéraux, dont le fer et le magnésium. Les grains entiers sont composés de trois parties, soit le son, l'endosperme et le germe. La consommation de ces produits est associée à une diminution du risque d'obésité, de maladies cardiovasculaires, d'accidents vasculaires cérébraux, de diabète et de certains cancers. Les fibres permettent également de favoriser la santé intestinale et de rendre les repas plus rassasiants.

Trucs et astuces

- Faites cuire quelques portions de plus de produits céréaliers de grains entiers lors des repas, et conservez les surplus au réfrigérateur. Ils pourront garnir les salades, les sandwichs roulés, les bols-repas, etc.

- Du germe de blé peut être ajouté au pâté chinois.

- Il existe une grande variété de grains. Alors, pourquoi toujours cuisiner les mêmes ? Voici plusieurs exemples de grains que vous pouvez inclure dans vos recettes :

orge ;	sarrasin ;
quinoa ;	kamut ;
boulgour ;	farro ;
blé mou ;	amarante ;
épeautre ;	maïs ;
millet ;	avoine ;
couscous de grains entiers ;	seigle complet ;
riz (brun ou sauvage) ;	triticale.

Santé Canada, « La vitamine D et le calcium : Révision des apports nutritionnels de référence », 2012, https://www.canada.ca/fr/sante-canada/services/aliments-nutrition/saine-alimentation/vitamines-mineraux/vitamine-calcium-revision-apports-nutritionnels-reference.html [consulté le 15 novembre 2017].

Les diététistes du Canada, « Practice-based Evidence in Nutrition® [PEN] Knowledge Pathway Healthy Weight/Obesity-Pediatric/Paediatric », 21 novembre 2016, disponible sur : http://www.pennutrition.com [consulté le 15 novembre 2017].

Gouvernement du Canada, « Grains entiers — Les faits », 2013, https://www.canada.ca/fr/sante-canada/services/aliments-nutrition/saine-alimentation/grains-entiers-faits.html [consulté le 17 novembre 2017].

Saine alimentation Ontario, « Miser sur les grains entiers », 2016, https://www.eatrightontario.ca/fr/Articles/Guides-alimentaires/Miser-sur-les-grains-entiers.aspx [consulté le 17 novembre 2017].

Whitney, Ellie, Rolfes, Sharon Rady, Hammond, Gail et Leonard A. Piché, *Understanding Nutrition*, Toronto, Nelson, 2013, 716 pages.

Les diététistes du Canada, « Sources alimentaires d'acides gras oméga-3 », 2016, https://www.dietitians.ca/getattachment/bbae49ad-424a-4ef7-9cba-bd7eefea892a/FACTSHEET-Food-Sources-of-Omega-3-Fats-FRENCH.pdf.aspx [consulté le 17 novembre 2017].

Gouvernement du Canada, « Qu'est-ce qu'une saine alimentation », 2015, https://www.canada.ca/fr/sante-canada/services/conseils-alimentation-saine/qu-est-qu-saine-alimentation.html?_ga=2.7736114.1806816695.1510677456-1955908158.1501352545 [consulté le 17 novembre 2017].

LA BOÎTE À LUNCH
POUR ATTEINDRE SON PLEIN POTENTIEL À L'ÉCOLE ET AU TRAVAIL

Pour le plaisir, le parent peut expliquer à l'enfant le rôle des aliments. En ayant des exemples concrets rattachés à sa réalité, il comprendra mieux pourquoi sa boîte à lunch est garnie d'aliments variés et nourrissants.

ATTEINDRE SON PLEIN POTENTIEL COGNITIF

Les légumes, les fruits et les produits céréaliers fournissent des glucides, l'énergie préférée du cerveau. Ceux-ci aident à rester concentré et à conserver un bon niveau d'énergie toute la journée! Aussi, les viandes et substituts, les produits laitiers et les produits céréaliers à grains entiers, qui contiennent des protéines ou des fibres, soutiennent l'organisme et retardent la faim. Grâce à ces précieux aliments, la concentration est maintenue sur les différentes tâches à accomplir dans la journée et non sur les gargouillis d'un ventre vide.

L'eau joue également un rôle important dans le maintien d'un bon niveau d'énergie. La vitesse à laquelle les nutriments se rendent jusqu'aux cellules et les échanges gazeux sont ralentis lorsqu'une personne est déshydratée. Ceci peut se traduire par de la fatigue. Boire suffisamment d'eau dans la journée permet ainsi au corps de fonctionner à son meilleur et au cerveau de rester alerte et concentré toute la journée.

ATTEINDRE SON PLEIN POTENTIEL PHYSIQUE

La consommation de produits laitiers et de substituts du lait aide à maintenir des os solides. La viande et ses substituts (légumineuses, noix et graines, etc.) aident à développer les muscles! Enfin, les légumes, les fruits et les produits céréaliers procurent non seulement de l'énergie au cerveau, mais également aux muscles qui en ont grand besoin pour les activités physiques.

Garnir la boîte à lunch d'aliments variés et nourrissants encouragera toute la famille à adopter de saines habitudes alimentaires et permettra à chacun d'atteindre son plein potentiel. La boîte à lunch est un outil puissant.

L'ORGANISATION DE LA BOÎTE À LUNCH

Les enfants peuvent placer eux-mêmes les aliments dans leur boîte à lunch ou dans la glacière familiale. Bien sûr, ils savent que les aliments froids doivent être gardés au froid et les aliments chauds au chaud, mais comprennent-ils pourquoi ? Savent-ils que des aliments conservés à la mauvaise température favorisent la prolifération des bactéries qui peuvent les rendre malades ? Savent-ils aussi qu'il y a une façon optimale de placer les aliments dans une glacière ?

UN PEU DE SCIENCE POUR S'AMUSER

L'air froid descend, car il est plus dense que l'air chaud, c'est-à-dire que les particules d'air froid sont plus rapprochées les unes des autres, donc plus nombreuses, dans le même espace. À l'inverse, les particules d'air chaud sont moins rapprochées les unes des autres, donc l'air chaud est plus léger et il aura tendance à monter (comme dans une vinaigrette quand l'huile monte à la surface de l'eau).

• Placer tout d'abord dans le fond du sac les sandwichs et les produits laitiers, comme le lait, le lait au chocolat et le yogourt. Les sandwichs devraient être mis dans des contenants rigides afin d'éviter d'être aplatis.

• Placer au moins un contenant réfrigérant (*icepack*) près des produits laitiers et des sandwichs pour garantir leur fraîcheur. Plus le sac à lunch est grand, plus on doit y retrouver de contenants réfrigérants.

• Ensuite, placer les légumes et les fruits qui sont coupés.

• Terminer avec les muffins, les barres, les fruits entiers et les contenants de jus ou d'eau préalablement congelés pour que le froid de ces contenants descende sur tous les aliments qui sont en dessous.

DES INFORMATIONS À RETENIR

- Se laver adéquatement les mains avant la préparation des aliments.

- Nettoyer la boîte à lunch chaque jour avec de l'eau chaude et du savon.

- Garder, en tout temps, des contenants réfrigérants au congélateur, prêts à être utilisés.

Les boîtes à lunch et les allergies alimentaires

Pour les parents d'un enfant ayant une ou des allergies alimentaires, il est nécessaire de mettre en place une stratégie avec la direction de l'école et avec l'enseignant pour diminuer les risques de réactions allergiques.

Pour tous, il est important de bien se laver les mains afin de déloger les protéines des aliments potentiellement allergènes. Seul un lavage avec de l'eau et du savon, ou avec une lingette humide, permet de se débarrasser non seulement des microbes, mais également des salissures et des allergènes. Pour ne jamais être pris au dépourvu, il serait sage de toujours laisser des lingettes dans les sacs à lunch ou dans une petite pochette. Il est bon de savoir que les gels antibactériens n'éliminent malheureusement pas les allergènes.

Références :

Agriculture, Pêcheries et Alimentation Québec, « Trucs de conservation pour la boîte à lunch », 2017, http://www.mapaq.gouv.qc.ca/fr/Consommation/boitelunch/Pages/trucs.aspx [consulté le 16 novembre 2017].

Allergies Québec, « Conseils : questions fréquentes », [s.d.], http://allergies-alimentaires.org/fr/conseils [consulté le 16 novembre 2017].

Gouvernement du Canada, « Conseils de sécurité : dîners à emporter à l'école », 2013, https://www.canada.ca/fr/sante-canada/services/salubrite-aliments-saisonniers/conseils-securite-diners-emporter-ecole.html [consulté le 16 novembre 2017].

Gouvernement du Canada, « Dîners santé pour l'école », 2013, https://www.canada.ca/fr/sante-canada/services/conseils-alimentation-saine/conseils-saine-alimentation-familles/diners-sante-pour-ecole.html [consulté le 16 novembre 2017].

Gouvernement du Canada, « Une saine alimentation pour les enfants », 2016, https://www.canada.ca/fr/sante-canada/services/conseils-alimentation-saine/conseils-saine-alimentation-familles/saine-alimentation-pour-enfants.html [consulté le 16 novembre 2017].

DES COLLATIONS
BIEN PENSÉES

LES COLLATIONS SELON L'HORAIRE DES REPAS

Offrir des collations à l'enfant peut être important pour l'aider à patienter jusqu'au prochain repas et à maintenir un bon niveau d'énergie, surtout s'il passe plus de 3 ou 4 heures sans manger.

L'adulte doit choisir les aliments que l'enfant consommera pour s'assurer de combler ses besoins en nutriments, et ce, tout au long de la journée. En d'autres mots, l'adulte a la responsabilité de lui offrir des aliments variés, riches en nutriments aux repas et aux collations. Ainsi, l'enfant a plus de chances d'atteindre son plein potentiel, de développer le plaisir de goûter à de nouveaux aliments et d'avoir une saine curiosité envers de nouvelles saveurs !

Les collations ne doivent pas être des aliments choisis au hasard et pris à tout moment de la journée. Elles doivent être pensées en fonction de l'horaire des repas et composées d'aliments qui n'ont pas été consommés, ou pas suffisamment consommés, lors du repas précédent.

Le temps entre la collation et le prochain repas influencera la composition de la collation. Si ce laps de temps est court (un peu moins de 2 heures), la collation devrait être principalement composée d'aliments contenant des glucides (fruits, légumes, produits céréaliers), qui apaisent la faim moins longtemps. Si l'attente est plus longue (plus de 2 heures), la collation sera un peu plus substantielle et devrait comporter des aliments contenant des protéines (viandes ou substituts, produits laitiers ou substituts) et des glucides. Les protéines apaisent la faim plus longtemps que les glucides seuls et soutiendront l'énergie de l'enfant à plus long terme.

Si le prochain repas est dans un peu moins de 2 heures, voici des exemples de collations à offrir :

Des morceaux de fruits.

Un petit muffin maison de grains entiers.

Si le prochain repas est dans un peu plus de 2 heures, voici des exemples de collations à offrir :

Des craquelins de grains entiers et du fromage cheddar.

Du yogourt grec avec des fruits frais et des graines de chia.

Si, au repas, l'enfant n'a pas consommé la source de protéines (de la viande, de la volaille, du tofu, du poisson, etc.), on peut par exemple offrir à la collation :

Des rondelles d'œufs cuits durs sur un craquelin de grains entiers avec de la tartinade de tofu.

Du thon sur des tranches de concombre ou des branches de céleri.

Du végépâté sur des pitas grillés.

Si, au repas, l'enfant n'a pas consommé les légumes, on peut par exemple offrir à la collation :

Des légumes et une trempette avec quelques craquelins de grains entiers.

Un gaspacho, une soupe ou un potage.

Des croquettes de purée de légumes ou de légumes râpés (froids ou chauds) avec une trempette.

Si, au repas, l'enfant n'a pas consommé les grains entiers, on peut par exemple offrir à la collation :

Un muffin à l'avoine.

Une tranche de pain de grains entiers tartinée de beurre d'amande.

Des craquelins de grains entiers tartinés d'une trempette de légumineuses.

L'adulte est responsable de la composition de la collation, car il connaît les besoins nutritionnels de l'enfant et la valeur nutritive des aliments. Ainsi, même si l'enfant ne mange pas tout ce qu'il y a dans son assiette lors des repas, il aura tous les nutriments nécessaires grâce à des collations intelligemment pensées.

LES COLLATIONS SELON LA COMPOSITION DES REPAS

Une collation ne sert pas seulement à apaiser la faim de l'enfant jusqu'au prochain repas. Elle sert aussi à combler les besoins nutritifs qui n'ont pas été couverts au cours du repas précédent.

Références :

Gouvernement du Canada, « Collations bien pensées », 2007, https://www.canada.ca/fr/sante-canada/services/aliments-nutrition/guide-alimentaire-canadien/comment-utiliser-guide-alimentaire/collations-bien-pensees.html [consulté le 15 novembre 2017].

Ministère de l'Éducation, du Loisir et du Sport du Québec, « Collations santé », [s.d.], http://www.education.gouv.qc.ca/fileadmin/site_web/documents/dpse/adaptation_serv_compl/virage-sante_fiche3_collations-sante.pdf [consulté le 16 novembre 2017].

DES PETITS DÉJEUNERS
POUR TOUS LES GOÛTS

Le petit déjeuner est un repas essentiel : il permet de briser le jeûne de la nuit et d'avoir une bonne concentration pendant toute la matinée. Déjeuner n'étant pas facile pour tous, cap sur des idées originales pour tous les goûts !

POUR L'ADO ET CEUX QUI ONT UN GROS APPÉTIT

Comme parent, on est souvent étonné de la quantité de nourriture qu'un ado peut engouffrer à chaque repas. Comment l'aider à se sentir rassasié ? Ces idées de déjeuners sont la solution parfaite pour un repas nutritif, soutenant et, bien sûr, savoureux !

Pain doré aux fruits (à préparer dans un grand plat la veille, et à réchauffer au four à micro-ondes le matin venu).

Burrito-minute : œufs brouillés + tortilla de blé entier + salsa + fromage râpé + avocat en cubes ou guacamole (facultatif).

Wrap croustillant : tortilla de blé entier + pomme en tranches fines + beurre d'amande + granola.

Wrap sucré : faire fondre au four à micro-ondes des pépites de chocolat noir sur une tortilla de blé entier + fruits coupés au choix. Napper de yogourt grec.

Sandwich-déjeuner maison : muffin anglais + œuf + tranche de dinde (facultatif) + tranche de fromage.

Rôties musclées au choix : pain de blé entier OU gaufre de blé entier OU muffin anglais de blé entier OU bagel de blé entier OU crêpes maison de blé entier +

beurre d'arachide + banane ;

beurre de graines de citrouille + framboises écrasées ;

beurre d'amande + tranches de pomme fines + cannelle ;

fromage à la crème + fraises fraîches tranchées ;

cretons (de veau ou de volaille, préférablement) ;

fromage cottage + tartinade de fruits maison ou du commerce ;

tofu brouillé.

Smoothie énergie : 250 ml (1 tasse) de fruits frais ou congelés + ½ banane + 125 ml (½ tasse) de yogourt grec ou de tofu soyeux extra-ferme + 15 ml (1 c. à s.) de graines de chanvre ou de chia + lait pour atteindre la texture désirée.

Omelette rapide au four à micro-ondes : 2 œufs + 30 ml (2 c. à s.) de lait + 250 ml (1 tasse) de légumes au choix, coupés + sel, poivre (cuire de 1 min à 1 min 30 s à feu vif)

Grilled-cheese dont l'ado est le héros :

varier le fromage : gouda, gruyère, emmental, cheddar, mozzarella, brie, etc. ;

varier le pain : pain aux noix, au fromage, de seigle, aux olives, aux raisins ;

ajouter un extra :

mozzarella + tomates + pesto ;

cheddar + dinde tranchée.

POUR CEUX QUI N'ONT PAS FAIM LE MATIN

Il y a des appétits qui prennent plus de temps à se réveiller, et c'est normal! Pour l'enfant qui n'a pas faim le matin, le parent doit penser à proposer des aliments qu'il apprécie tout particulièrement, et à ne pas trop lui donner de nourriture pour ne pas qu'il se sente dépassé par la quantité. En contrepartie, la collation du matin pourra être un peu plus soutenante, et le tour sera joué!

Verre de lait ou boisson de soya enrichie + fruit.

Poignée de noix + fruit.

2 clémentines + pistaches.

1 pomme + fèves de soya rôties.

1 pêche + noix de Grenoble.

Raisins + amandes.

Banane ou pomme trempée dans du beurre d'arachide ou de soya.

Yogourt à boire.

Yogourt grec en portion individuelle.

½ muffin anglais + framboises écrasées + amandes effilées.

1 œuf dur + quelques craquelins de grains entiers.

Poignées de céréales sèches à grignoter (mélanger plusieurs saveurs!).

1 sachet de gruau cuit avec du lait.

Petit contenant de compote de pommes + 1 morceau de fromage (Vache qui rit, Babybel, Ficello, etc.).

DÉJEUNER SUR LE POUCE

Pour les petits qui ont du mal à rester assis, ou pour les matins pressés, une collation qui se tient dans la main et qui ne fait pas de dégâts est indispensable. En plus, les versions maison des déjeuners proposés ci-dessous sont souvent plus nutritives que celles du commerce. Pourquoi ne pas cuisiner une recette en double ou même en triple la fin de semaine, en impliquant les enfants dans la préparation? Une activité amusante et formatrice!

Tortilla de blé entier + beurre de soya ou d'arachide + banane. Enrouler et couper en tronçons (note : le beurre d'arachide naturel est plus nutritif, mais il est aussi plus liquide et aura tendance à faire plus de dégâts que le beurre d'arachide ordinaire).

Pouding de chia.

Gruau du lendemain (sans cuisson).

Parfait au yogourt + granola + fruits.

Smoothie.

Mini crêpes + garniture (beurre de noix, compote de fruits, fruits surgelés, etc.). Peut se manger en sandwich.

Fromage emballé individuellement + compote à boire en sachet.

Barre tendre maison.

Muffin maison + beurre d'arachide ou de soya.

Yogourt à boire + fruit.

Pain aux bananes.

Mini frittatas cuites dans un moule à muffins.

Mini gruaux cuits dans un moule à muffins.

Pattes d'ours maison (galettes à la mélasse).

Biscuits à l'avoine maison.

DES COLLATIONS
POUR TOUS LES BESOINS

Prendre des collations favorise le maintien d'un niveau d'énergie constant au cours de la journée. Deux ou trois collations par jour sont suggérées. Cap sur des idées de collations pour tous les besoins !

POUR LE SPORTIF

Pour l'enfant qui ne tient pas en place, ou bien pour celui qui participe à un nombre incalculable d'activités parascolaires, ou simplement pour celui qui aime grignoter entre deux descentes de ski, ces délicieuses collations fourniront toute l'énergie dont il a besoin.

Muffin anglais de blé entier + œuf dur en tranches.

Galette de riz brun + avocat écrasé (+ lime ou citron pour éviter le brunissement).

Boules d'énergie.

Wrap : une tranche de fromage + dinde en tranches + tortilla de blé entier.

Mélange du randonneur :

noix de Grenoble + amandes + cerises séchées + pépites de chocolat noir ;

maïs soufflé + arachides + raisins secs + pépites de chocolat noir ;

flocons d'avoine entière ou céréales de type Cheerios ou Shreddies + graines de citrouille + canneberges séchées ;

flocons de noix de coco + amandes effilées + ananas séchés.

Dattes Medjool farcies au beurre d'amande.

Dattes Medjool farcies au fromage à la crème ou à la Vache qui rit.

Mini pita de blé entier + salade de poulet ou de thon, ou de saumon, ou d'œuf, ou végépâté.

Fromage cottage + mangue + noix de coco + filet de miel.

Petite boîte de raisins secs + amandes.

Pain naan (encore meilleur chaud) + hummus.

DES COLLATIONS SANS NOIX ET SANS PRODUITS LAITIERS

Pas toujours évident de plaire aux papilles gustatives des petits mousses aux prises avec des allergies alimentaires. Ces collations sont savoureuses, en plus d'être sans noix et sans produits laitiers. Se glissant sans souci dans la boîte à lunch, elles sont aussi parfaites avant le sport ou en revenant de l'école.

Banane + beurre de soya.

Pomme + beurre de graines de citrouille.

Pomme ou poire (faire chauffer quelques secondes au four à micro-ondes) + cannelle.

Fruit + boisson de soya enrichie.

Smoothie au tofu soyeux.

Pois chiches rôtis, pois verts rôtis, edamames rôtis, etc.

Mélange du randonneur sans noix :

graines de citrouille + graines de tournesol + abricots séchés ;

noix de coco (gros flocons) + fèves de soya rôties + ananas ou mangues séchés ;

céréales sèches (flocons All Bran, Shreddies, Cheerios) + fèves de soya rôties + raisins secs.

Maïs soufflé nature + fruit.

Hummus + croustilles de pita maison.

Guacamole + croustilles de tortilla maison.

Biscuits Graham + beurre de soya + banane en tranches.

Céréales peu sucrées + boisson de soya enrichie.

Galette de riz brun + tartinade de tofu.

Orange (ou autre fruit) + fèves de soya rôties.

POUR LUI FAIRE AIMER LES LÉGUMES

Un enfant qui a la phobie des légumes, c'est certainement inquiétant pour un parent. Pas de panique! Certains trucs peuvent l'aider à apprivoiser ces aliments abandonnés dans l'assiette. Offrir une plus grande variété de légumes peut parfois encourager les enfants à en manger davantage, car ils ont une impression de choix et de contrôle. Et surtout, le parent doit persévérer! Cela peut prendre de nombreuses tentatives avant qu'un enfant accepte de goûter à un aliment, et encore plus avant qu'il l'aime. Voici des suggestions pour l'aider dans son exploration:

Rondelles de concombre + ricotta aux fines herbes fraîches.

Rondelles de concombre + hummus.

Sushi de légumes (hummus + bâtonnets de carotte ou de poivron + courgette ou concombre râpé sur la longueur, le tout roulé).

Trempette de légumes (idées de légumes: mini carottes, poivrons, concombres, brocoli, chou-fleur, céleri, etc.):

hummus;

yogourt grec au citron et herbes;

trempette d'edamames;

fromage cottage + salsa;

tartinade de tofu.

Craquelins de grains entiers + fromage cottage + concombre + sel, poivre.

Fromage + jus de légumes.

Croustilles de kale aromatisées: fromage parmesan, assaisonnement ranch, sel et vinaigre, épices BBQ, etc.

Salade mini bocconcini + tomates cerises + filet d'huile + sel, poivre.

Céleri + fromage à la crème + canneberges ou cerises séchées.

Céleri + beurre d'arachide + raisins secs.

POUR LES « BIBITTES À SUCRE »

C'est bien connu, les enfants adorent le sucre! Heureusement, il existe une façon de satisfaire leur goût de sucré en offrant en même temps une collation rassasiante et nutritive. En saison, les fruits sont encore plus sucrés, tout naturellement, alors pourquoi ne pas en profiter?

Smoothie: moitié fruit + moitié lait (Un bon truc: congeler les restants pour faire des sucettes glacées).

Fruits + trempette de yogourt grec nature (+ cacao, sirop d'érable, vanille, cannelle, etc., pour aromatiser le yogourt).

Salade de fruits crémeuse («vinaigrette» au yogourt à la vanille).

Raisins + cheddar.

Yogourt chocolaté + fruits à tremper.

Parfait au yogourt + granola + petits fruits.

Craquelins de riz + beurre de noix (amande, noisette) + cacao en poudre + fraises tranchées.

Pizza sucrée: rondelles de pomme + beurre d'amande + granola.

Œuf dur + raisins frais.

Compote de petits fruits (pour varier de la pomme!) + verre de lait.

Mélange de yogourt nature et tofu soyeux de dessert + fruits surgelés.

Kiwi à manger à la cuillère, saupoudré de flocons de noix de coco.

Mangue séchée + maïs soufflé nature.

Salade fraise-kiwi + amandes effilées.

Pain de blé entier + purée de fruits (fraises, framboises, etc., écrasées) + verre de lait.

QUAND IL FAIT CHAUD

Pour les chaudes journées d'été, lorsqu'on a envie de se rafraîchir sans compromettre l'appétit des enfants, plusieurs «options glacées» sont possibles. De nombreux fruits peuvent être congelés et mangés en sucette ou en sorbet... Les variations sont presque infinies! Voici quelques idées:

Bananes en tronçons trempés dans le chocolat + noix de coco, congelées.

Fraises trempées dans du yogourt + noix de Grenoble hachées ou céréales écrasées, congelées.

«Crème glacée» de bananes (mettre les bananes congelées dans un robot culinaire + beurre d'arachide ou extrait de vanille pour aromatiser).

Sorbet de fruits (passer au robot culinaire des fruits congelés au choix + miel ou sirop d'érable au goût + vanille. Verser dans un plat et congeler).

Raisins congelés.

Sucettes au yogourt aromatisé + fruits (étagé):

yogourt à la vanille + pêches;

yogourt à la fraise + framboises;

yogourt en tube congelé.

6 SEMAINES DE MENUS

LÉGENDE

Nombre de portions	Temps de préparation	Temps de cuisson	Temps de cuisson au four	Macération	Congélation

À CONSERVER EN TOUT TEMPS AU FRIGO OU AU GARDE-MANGER

Voici une liste d'aliments que vous utiliserez au cours des 6 prochaines semaines.

Prenez le temps d'étudier votre semaine de menus afin de vous assurer qu'il vous reste suffisamment de ces ingrédients pour couvrir les recettes.

AIL FRAIS	MOUTARDE DE DIJON
ASSAISONNEMENT CAJUN	MOUTARDE À L'ANCIENNE
BASILIC SÉCHÉ	ORGE PERLÉ
BEURRE	ORIGAN SÉCHÉ
BEURRE D'ARACHIDE CRÉMEUX	PAPRIKA
CANNELLE MOULUE	PAPRIKA FUMÉ
CARDAMOME MOULUE	PÂTE DE CARI DOUCE
CARI EN POUDRE	PIMENT CHIPOTLE MOULU
CHAPELURE PANKO	POIVRE
CORIANDRE MOULUE	POUDRE D'AIL
COUSCOUS DE BLÉ ENTIER	POUDRE DE CHILI
CUMIN MOULU	QUINOA
CURCUMA MOULU	RIZ BASMATI
ESTRAGON SÉCHÉ	SAFRAN
FARINE TOUT USAGE NON BLANCHIE	SALSA TOMATÉE
FÉCULE DE MAÏS	SAMBAL OELEK
FLOCONS DE PIMENT	SAUCE DE POISSON
GARAM MASALA	SAUCE HOISIN
GINGEMBRE FRAIS	SAUCE MIRIN
GINGEMBRE MOULU	SAUCE SOYA À TENEUR RÉDUITE EN SODIUM
GOUSSE D'AIL	SAUCE SRIRACHA
GRAINES DE SÉSAME GRILLÉES	SAUCE TABASCO
HERBES DE PROVENCE	SEL
HUILE DE CANOLA	SIROP D'ÉRABLE
HUILE DE SÉSAME GRILLÉ	THYM SÉCHÉ
HUILE D'OLIVE	VINAIGRE BALSAMIQUE
MAYONNAISE	VINAIGRE DE CIDRE DE POMME
MIEL LIQUIDE	VINAIGRE DE RIZ

SEMAINE 1

LISTE D'ÉPICERIE

4 PORTIONS

LÉGUMES

BÉBÉS ÉPINARDS	1 EMBALLAGE DE **142** g
BROCOLI	**1** GROS
CAROTTES	**7** MOYENNES
CHAMPIGNONS BLANCS	1 CONTENANT DE **227** g
CHOU-FLEUR	**1** PETIT
CONCOMBRE ANGLAIS	**1**
COURGETTES VERTES	**2** PETITES
ÉCHALOTES FRANÇAISES	**3**
OIGNONS	**2**
OIGNONS VERTS	**4**
PETITS POIS SURGELÉS	**170** g (**250** ml)
POIS MANGE-TOUT	**200** g
POIVRONS ROUGES	**2**
POMMES DE TERRE GRELOTS	**454** g
POUSSES DE MOUTARDE (OU DE TOURNESOL, OU DE LUZERNE)	1 EMBALLAGE DE **75** g
TOMATE	**1**
TOMATES EN DÉS (EN CONSERVE) SANS SEL AJOUTÉ	1 BOÎTE DE **796** ml

À AVOIR AU FRIGO, AU GARDE-MANGER OU AU JARDIN

BOUILLON DE LÉGUMES À TENEUR RÉDUITE EN SODIUM	**1,75** L
GINGEMBRE FRAIS	1 PETITE RACINE
MENTHE FRAÎCHE	**25** g (**60** ml)
NOIX DE COCO RÂPÉE ET NON SUCRÉE	**10** g (**40** ml)
PERSIL FRAIS	**58** g (**230** ml)

FRUITS

CANNEBERGES SÉCHÉES	**40** g (**80** ml)
CITRONS	**2** PETITS
RAISINS SECS	**20** g (**30** ml)

PRODUITS CÉRÉALIERS

BAGELS MINCES DE GRAINS ENTIERS	**4**
COUSCOUS DE BLÉ ENTIER	**500** ml (**2** TASSES)
CRAQUELINS DE GRAINS ENTIERS	1 EMBALLAGE DE **200** g
GRANDES TORTILLAS DE GRAINS ENTIERS	**4**
MACARONIS DE BLÉ ENTIER	**200** g
MINI PITAS DE BLÉ ENTIER	**16**

LAIT ET SUBSTITUTS

FROMAGE CHEDDAR FAIBLE EN GRAS	**190** g (**375** ml - RÂPÉ)
LAIT	**500** ml
YOGOURT GREC NATURE	**160** g

VIANDES ET SUBSTITUTS

EDAMAMES SURGELÉS	**165** g (**250** ml)
ESCALOPES DE POULET FRAIS	**800** g
FILET DE TRUITE FRAIS AVEC PEAU	**960** g
HAUT DE SURLONGE DE BŒUF	**820** g
ŒUFS	**7**
POIS CHICHES (EN CONSERVE) SANS SEL AJOUTÉ	4 BOÎTES DE **540** ml

MENUS

	LUNDI	MARDI	MERCREDI	JEUDI	VENDREDI
DÉJEUNER	PAIN DORÉ AUX FRUITS	GRUAU DU LENDEMAIN	RÔTIES DE GRAINS ENTIERS ET BEURRE D'ARACHIDE	MUFFIN À LA CITROUILLE (p. 198)	BURRITO-MINUTE (p. 34)
	NOIX (AU CHOIX)	GARNITURE: FRUITS SÉCHÉS ET NOIX HACHÉES (AU CHOIX)	FRUIT FRAIS (AU CHOIX)	FRUIT FRAIS (AU CHOIX)	COMPOTE DE FRUITS, SANS SUCRE AJOUTÉ
	LAIT		LAIT	LAIT	
COLLATION	*GALETTE DE RIZ BRUN*	*BOISSON DE SOYA ENRICHIE*	*FÈVES DE SOYA RÔTIES*	*GALETTE DE RIZ BRUN*	*BOISSON DE SOYA ENRICHIE*
	BEURRE DE TOURNESOL OU DE SOYA (ARACHIDE, SI PERMIS)	*FRUIT FRAIS (AU CHOIX)*	*FRUIT FRAIS (AU CHOIX)*	*BEURRE DE TOURNESOL OU DE SOYA (ARACHIDE, SI PERMIS)*	*FRUIT FRAIS (AU CHOIX)*
DÎNER	PITA ŒUFS-EDAMAMES	CRAQUELINS ET GARNITURE À LA TRUITE	BAGEL POULET-CARI	TORTILLA BŒUF-BALSAMIQUE	COUSCOUS EN SALADE
	FROMAGE CHEDDAR FAIBLE EN GRAS	COURGETTE VERTE, EN RONDELLES	BROCOLI, EN BOUQUETS	POIVRON ROUGE, EN LANIÈRES	CAROTTE, EN BÂTONNETS
	CHOU-FLEUR, EN BOUQUETS	1 PETIT JUS DE LÉGUMES À TENEUR RÉDUITE EN SODIUM (**156** ml)	PETITS FRUITS (AU CHOIX)	POUDING DE CHIA (MÉLANGE DE BOISSON DE SOYA ENRICHIE ET DE GRAINES DE CHIA)	YOGOURT
	FRUIT FRAIS (AU CHOIX)	COMPOTE DE FRUITS, SANS SUCRE AJOUTÉ	BOISSON DE SOYA ENRICHIE		
COLLATION	*YOGOURT*	*MUFFIN À LA CITROUILLE (p. 198)*	*HUMMUS*	*FROMAGE FAIBLE EN GRAS*	*ŒUF CUIT DUR*
			CRUDITÉS (AU CHOIX)	*CRUDITÉS (AU CHOIX)*	*CRAQUELINS DE GRAINS ENTIERS*
SOUPER	TRUITE MÉDITERRANÉENNE	ESCALOPE DE POULET CARI-COCO	BŒUF À l'ASIATIQUE	COUSCOUS MAROCAIN	MACARONI AU FROMAGE ET AUX PETITS POIS
	COMPOTE DE FRUITS, SANS SUCRE AJOUTÉ, AVEC DU GRANOLA	POUDING AU RIZ OU AU TAPIOCA	YOGOURT	MORCEAUX DE FRUITS FRAIS (AU CHOIX), AVEC UN FILET DE CHOCOLAT NOIR FONDU	SALADE DE FRUITS FRAIS

PITA ŒUFS-EDAMAMES

| 4 | 10 min | 13 min | non |

INGRÉDIENTS

7 gros œufs

250 ml (1 tasse) d'edamames surgelés

30 ml (2 c. à s.) d'eau fraîche

30 ml (2 c. à s.) de yogourt grec nature

30 ml (2 c. à s.) de mayonnaise

2,5 ml (½ c. à t.) d'herbes de Provence

Au goût, sel et poivre

16 mini pitas de blé entier

Au goût, pousses de moutarde

Au goût, feuilles de bébés épinards

PRÉPARATION

Faire cuire les œufs 10 minutes dans l'eau bouillante.

Pendant ce temps, déposer les edamames dans un bol allant au four à micro-ondes. Ajouter l'eau et faire cuire pendant 3 minutes à intensité maximale.

En parallèle, mettre le yogourt, la mayonnaise, les herbes de Provence, le sel et le poivre dans un grand bol. Bien mélanger.

Écraser les œufs à l'aide d'une fourchette ou d'un pilon à pommes de terre.
Ajouter les œufs et les edamames cuits et égouttés au mélange de yogourt. Mélanger.

Ouvrir chaque mini pita et les garnir du mélange d'œufs et d'edamames.

Ajouter des pousses de moutarde et de l'épinard.

VARIANTES

Remplacer les pousses de moutarde par de la moutarde de Dijon ajoutée au mélange de yogourt et de mayonnaise. Au lieu de préparer les pitas, présenter la garniture dans un petit plat accompagnée de craquelins de grains entiers.

NUTRI-NOTE

On aime les œufs pour leur excellente valeur nutritive. Ils apportent des protéines de grande qualité. Les edamames, qui sont des fèves de soya fraîches, ajoutent de la couleur et bonifient aussi la valeur nutritive de la recette!

TRUITE MÉDITERRANÉENNE

| 4 | 15 min | 30 min | oui |

INGRÉDIENTS

180 ml (¾ tasse) d'orge perlé

1 échalote française, émincée

15 ml (1 c. à s.) d'huile d'olive

500 ml (2 tasses) de bouillon de légumes à teneur réduite en sodium

Au goût, sel et poivre

1 citron (jus et zeste)

5 ml (1 c. à t.) de thym séché

480 g (environ 1 lb) de filets de truite frais, avec la peau

1 gros brocoli, coupé en fleurons

125 ml (½ tasse) de persil frais, haché

PRÉPARATION

Rincer l'orge à l'eau froide, à l'aide d'un tamis. Bien égoutter.

Dans une grande casserole, faire revenir l'échalote dans 7,5 ml (½ c. à s.) d'huile d'olive pendant 1 minute. Ajouter l'orge et le faire revenir 2 minutes.

Ajouter le bouillon, amener à ébullition. Réduire à feu doux.

Assaisonner de sel et de poivre. Couvrir et cuire environ 25 minutes ou jusqu'à ce que l'orge soit tendre et que le liquide soit absorbé.

Pendant ce temps, préchauffer le four à 200 °C (400 °F).

Dans un petit bol, mélanger le zeste et le jus de la moitié du citron, le thym et l'huile d'olive restante.

Déposer une feuille de papier parchemin sur une plaque de cuisson avec rebords et y déposer le poisson, côté peau vers le bas (voir note « À prévoir »). Saler et poivrer la chair. Verser la marinade sur le poisson. Cuire au four 15 minutes ou jusqu'à ce que la chair du poisson se détache facilement à la fourchette.

Faire cuire les fleurons de brocoli à la vapeur. Servir le poisson avec l'orge et le brocoli en accompagnement.

Garnir de persil frais et offrir le citron restant en quartiers.

À PRÉVOIR

Cuire 480 g de truite de plus pour les lunchs du lendemain (il restera environ 320 g une fois cuit). Il y aura suffisamment de marinade pour la quantité totale de poisson.

VARIANTE

Remplacer la truite par du saumon.

NUTRI-NOTE

Le poisson regorge de vertus nutritionnelles. Il est conseillé d'en intégrer au menu 2 ou 3 fois par semaine. Vos enfants n'aiment pas le poisson? Il faut parfois persévérer avant de leur faire accepter de nouveaux aliments! Cette recette est aussi une excellente source de vitamine C.

CRAQUELINS ET GARNITURE À LA TRUITE

4	5 min	aucune	non

INGRÉDIENTS

320 g (environ ¾ lb) de filets de truite cuits et émiettés

30 ml (2 c. à s.) de yogourt grec nature

30 ml (2 c. à s.) de mayonnaise

1 ml (¼ c. à t.) de thym séché

30 ml (2 c. à s.) de persil frais, haché

2 oignons verts, hachés finement

Au goût, sel et poivre

Au goût, craquelins de grains entiers

PRÉPARATION

- Dans un grand bol, déposer la truite, le yogourt, la mayonnaise, le thym, le persil, les oignons verts, le sel et le poivre. Mélanger.
- Servir la garniture à la truite avec des craquelins de grains entiers.

VARIANTES

Remplacer les oignons verts par de l'oignon rouge. Remplacer le filet de truite par du saumon en conserve.

NUTRI-NOTE

Optez pour des craquelins qui contiennent des grains entiers en tête de liste des ingrédients. Ils apporteront davantage de fibres !

ESCALOPE DE POULET CARI-COCO

4	15 min	30 min	oui

INGRÉDIENTS

PRÉPARATION

Préchauffer le four à 200 °C (400 °F).

30 ml (2 c. à s.) d'huile d'olive

454 g (environ 1 lb) de pommes de terre grelots, coupées en quatre

1 petit chou-fleur, coupé en bouquets

Au goût, sel et poivre

Dans un grand bol, verser l'huile, ajouter les pommes de terre et le chou-fleur, le sel et le poivre. Mélanger pour bien enrober d'huile. Déposer les légumes sur une plaque de cuisson tapissée de papier parchemin. Cuire au four 30 minutes ou jusqu'à ce que les pommes de terre soient tendres.

30 ml (2 c. à s.) de pâte de cari douce

30 ml (2 c. à s.) de yogourt grec nature

30 ml (2 c. à s.) de noix de coco râpée non sucrée

Pendant ce temps, dans le même grand bol, déposer la pâte de cari, le yogourt et 15 ml (1 c. à s.) de noix de coco. Mélanger et réserver.

480 g (environ 1 lb) d'escalopes de poulet frais

Déposer les escalopes sur une plaque de cuisson recouverte de papier parchemin (voir note « À prévoir »). Répartir le mélange de cari sur chaque escalope, ensuite, la noix de coco restante. Mettre le poulet au four pendant les 10 dernières minutes de cuisson des légumes.

1 tige de persil frais, haché

Servir les escalopes de poulet avec le chou-fleur et les pommes de terre. Garnir de persil.

À PRÉVOIR

Cuire 320 g d'escalopes
de poulet de plus pour
les lunchs du lendemain
(il restera environ
240 g une fois cuit).
Préparer un surplus de
sauce en ajoutant 10 ml
(2 c. à t.) de chacun
de ces ingrédients :
pâte de cari, yogourt
grec et noix de coco.

VARIANTE

Remplacer les escalopes
de poulet par des
escalopes de dinde.

NUTRI-NOTE

La pomme de terre regorge
d'éléments nutritifs.
Elle apporte du fer, du
potassium ainsi que de la
vitamine C et des fibres.
Plus intéressante que le riz
sur le plan nutritionnel, on
peut lui laisser une place
de choix dans nos menus.

BAGEL POULET-CARI

| 4 | 10 min | aucune | non |

INGRÉDIENTS

4 bagels minces de grains entiers

30 ml (2 c. à s.) de yogourt grec nature

30 ml (2 c. à s.) de mayonnaise

2,5 ml (½ c. à t.) de cari en poudre

240 g (environ ½ lb) d'escalopes de poulet cuites

125 ml (½ tasse) de carottes râpées

Au goût, feuilles de bébés épinards

½ concombre anglais avec la pelure, coupé en tranches fines

PRÉPARATION

Ouvrir chaque bagel mince en deux. Réserver.

Mélanger le yogourt, la mayonnaise et le cari dans un petit bol. Tartiner chaque demi-bagel.

Répartir le poulet, la carotte et l'épinard sur la moitié des bagels. Couvrir de l'autre moitié.

Ajouter les tranches de concombre juste avant de servir.

VARIANTES

Remplacer les bagels minces par des pains minces de grains entiers. Remplacer les escalopes de poulet par du poulet ou de la dinde cuits.

NUTRI-NOTE

Les bagels minces de grains entiers sont une bonne alternative aux bagels réguliers, ils apportent de précieuses fibres et laissent place à la garniture. Avec la sauce goûteuse au cari, les légumes et le poulet, ils constituent un lunch qui saura plaire à vos papilles !

BŒUF
À L'ASIATIQUE

| 4 | 20 min | 15 min | 20 min | oui |

INGRÉDIENTS

500 g (environ 1 lb) de bœuf de haut de surlonge

250 ml (1 tasse) de riz basmati

500 ml (2 tasses) de bouillon de légumes à teneur réduite en sodium

10 ml (2 c. à t.) d'huile de canola

1 petit oignon, tranché finement

2 poivrons rouges, coupés en lanières

1 contenant (227 g) de champignons blancs, tranchés finement

1 contenant (200 g) de pois mange-tout

15 ml (1 c. à s.) de gingembre frais, émincé

Graines de sésame grillées (facultatif)

PRÉPARATION

Couper le bœuf en lanières d'environ 1 cm (½ po) d'épaisseur. Ajouter les lanières de bœuf à la marinade. Bien mélanger. Laisser mariner pendant au moins 15 minutes (voir note « À prévoir »).

Pendant ce temps, rincer à l'eau froide le riz à l'aide d'un tamis.

Dans une grande casserole, mettre le riz et le bouillon. Couvrir et porter à ébullition. Remuer. Couvrir et cuire à feu doux 20 minutes ou jusqu'à ce que le liquide soit absorbé. Laisser reposer à couvert.

Retirer le bœuf de la marinade (conserver la marinade). Dans une grande poêle très chaude, déposer le bœuf et faire dorer de chaque côté (ne pas faire trop cuire). Réserver au chaud. Si vous préparez le surplus de lanières de bœuf pour les lunchs du lendemain, pensez à retirer cette quantité et la mettre au réfrigérateur dans un contenant fermé.
Dans la même poêle, ajouter l'huile et faire dorer l'oignon quelques minutes. Ajouter les autres légumes et poursuivre la cuisson.

Ajouter le gingembre et bien mélanger. Retirer et réserver.

Verser la marinade restante dans la poêle, amener à ébullition. Mettre la viande et les légumes dans la poêle, bien mélanger.

Servir avec le riz et, si désiré, parsemer de graines de sésame grillées.

POUR LA MARINADE

30 ml (2 c. à s.) d'huile de canola

15 ml (1 c. à s.) d'huile de sésame grillé

30 ml (2 c. à s.) de vinaigre de riz

15 ml (1 c. à s.) de sauce soya à teneur réduite en sodium

15 ml (1 c. à s.) de sauce mirin ou de miel liquide

3 gousses d'ail finement hachées

Au goût, poivre

Dans un grand contenant, mélanger les huiles, le vinaigre, la sauce soya, la sauce mirin, l'ail et le poivre.

À PRÉVOIR

Cuire 320 g de bœuf de plus (il restera environ 240 g une fois cuit) pour les lunchs du lendemain. Il y a suffisamment de marinade pour la quantité totale de bœuf.

VARIANTE

Remplacer le riz par des nouilles de riz.

NUTRI-NOTE

Fait surprenant, les poivrons rouges sont une excellente source de vitamine C ! Dans une portion, on retrouve 2,5 fois nos besoins quotidiens. Ce sauté est vraiment une mine d'or de vitamines et de minéraux.

TORTILLA BŒUF-BALSAMIQUE

4	10 min	aucune	non

INGRÉDIENTS

30 ml (2 c. à s.) de yogourt grec

30 ml (2 c. à s.) de mayonnaise

10 ml (2 c. à t.) de vinaigre balsamique

Au goût, sel et poivre

4 grandes tortillas de grains entiers

240 g (environ ½ lb) de haut de surlonge de bœuf cuit, coupé en lanières

1 tomate fraîche, coupée en petits dés

Au goût, feuilles de bébés épinards

Au goût, pousses de tournesol, de moutarde ou de luzerne

PRÉPARATION

- Mélanger le yogourt, la mayonnaise, le vinaigre balsamique, le sel et le poivre dans un petit bol.
- Répartir et tartiner le mélange sur chaque tortilla.
- Répartir ensuite la viande, la tomate, l'épinard et les pousses.
- Rouler les tortillas fermement pour retenir la garniture.

VARIANTE

Remplacer la tomate par des tiges d'asperge cuites.

NUTRI-NOTE

Le bœuf mariné donne beaucoup de goût à ce sandwich! Prenez soin de choisir des tortillas de grains entiers qui contiennent davantage de fibres et qui vous rassieront tout l'après-midi.

COUSCOUS MAROCAIN

4	15 min	25 min	oui

INGRÉDIENTS

7,5 ml (½ c. à s.) d'huile de canola

1 oignon, haché

5 ml (1 c. à t.) de cumin moulu

2,5 ml (½ c. à t.) de coriandre moulue

2 carottes, coupées en petits dés

1 boîte (796 ml) de tomates en dés et leur jus, sans sel ajouté

2 boîtes (540 ml chacune) de pois chiches, sans sel ajouté, égouttés et rincés

250 ml (1 tasse) de bouillon de légumes à teneur réduite en sodium

Au goût, sel et poivre

2 petites courgettes vertes, coupées en dés

30 ml (2 c. à s.) de raisins secs

PRÉPARATION

Faire chauffer l'huile dans une grande casserole et y faire revenir l'oignon, le cumin et la coriandre pendant 1 minute en remuant constamment.

Ajouter le reste des ingrédients sauf les courgettes et les raisins secs et amener à ébullition. Baisser le feu de moitié, couvrir et laisser mijoter pendant 15 minutes, ou jusqu'à ce que les morceaux de carottes soient tendres, en remuant quelques fois.

Ajouter les courgettes et les raisins secs. Mélanger et laisser mijoter 5 minutes.

Préparer le couscous de blé entier. Servir le mélange de pois chiches et de légumes sur le couscous.

À PRÉVOIR

Doubler le couscous de blé entier pour les lunchs du lendemain.

VARIANTE

Remplacer les pois chiches, en partie ou en totalité, par du poulet.

POUR LE COUSCOUS DE BLÉ ENTIER

250 ml (1 tasse) de couscous de blé entier

250 ml (1 tasse) de bouillon de légumes à teneur réduite en sodium

½ citron (jus et zeste)

10 ml (2 c. à t.) d'huile d'olive

1 ml (¼ c. à t.) de chaque épice : curcuma moulu et cari en poudre

- En parallèle, mettre le couscous dans un grand bol. Réserver (voir note «À prévoir»).

- Verser le bouillon de légumes, le jus et le zeste de citron, l'huile et les épices dans une casserole. Porter à ébullition.

- Verser le liquide sur le couscous. Couvrir et laisser reposer pendant 5 minutes, ou jusqu'à ce que tout le liquide soit absorbé.

- Défaire le couscous à la fourchette avant de servir.

NUTRI-NOTE

Comme quoi il est possible de manger végé tout en ayant du plaisir ! Ce couscous marocain est non seulement délicieux, mais aussi une excellente source de fibres et de fer.

COUSCOUS EN SALADE

| 4 | **10** min | aucune | non |

INGRÉDIENTS

500 ml (2 tasses) de couscous de blé entier cuit

2 boîtes (540 ml chacune) de pois chiches, sans sel ajouté, égouttés et rincés

½ concombre anglais, en dés

2 oignons verts, hachés finement

80 ml (⅓ tasse) de canneberges séchées

60 ml (¼ tasse) de chaque herbe : persil frais et menthe fraîche, hachés

15 ml (1 c. à s.) d'huile d'olive

PRÉPARATION

Mélanger tous les ingrédients dans un grand bol.

VARIANTE

Remplacer la menthe par de la coriandre fraîche.

NUTRI-NOTE

On réutilise nos restes de couscous pour faire cette salade express. Les canneberges séchées ajoutent un petit goût de sucré au mélange : de quoi plaire à toute la famille !

MACARONI AU FROMAGE ET AUX PETITS POIS

| 4 | 15 min | 22 min | oui |

INGRÉDIENTS

2 tasses (environ 200 g) de macaronis de blé entier

2 échalotes françaises, hachées

30 ml (2 c. à s.) d'huile d'olive

2 gousses d'ail, hachées

30 ml (2 c. à s.) de chacun : beurre et farine tout usage non blanchie

500 ml (2 tasses) de lait

22,5 ml (1½ c. à s.) de paprika fumé

375 ml (1½ tasse) de fromage cheddar faible en gras, râpé

Au goût, sel et poivre

250 ml (1 tasse) de petits pois surgelés

125 ml (½ tasse) de chapelure panko

4 grosses carottes, coupées en bâtonnets

PRÉPARATION

Faire cuire les pâtes selon les instructions sur l'emballage. Égoutter.
Garder au chaud jusqu'au moment de servir.

Pendant ce temps, dans une autre casserole, colorer les échalotes dans l'huile d'olive pendant 2 minutes, puis ajouter l'ail. Poursuivre la cuisson pendant 1 minute. Réserver.

Dans la même casserole, faire fondre le beurre, puis ajouter la farine. Cuire 1 minute en mélangeant constamment.

Verser le lait et faire chauffer 2 minutes ou jusqu'à épaississement.

Ajouter le paprika fumé, 250 ml (1 tasse) de fromage, le sel et le poivre, et cuire 2 minutes en remuant constamment.

Ajouter les pâtes cuites et les petits pois. Verser le macaroni au fromage dans un plat à gratin, saupoudrer du fromage restant et de la chapelure, puis déposer sous le gril pendant 2 minutes ou jusqu'à ce que le fromage soit bien doré.

Au moment de servir, accompagner le macaroni de bâtonnets de carotte en crudités.

VARIANTE

Remplacer les petits pois par de la macédoine de petits légumes surgelés.

NUTRI-NOTE

Ce macaroni au fromage est la preuve qu'un repas végétarien n'a rien d'ennuyant et a, en prime, une valeur nutritive tout à fait intéressante ! Une portion est une excellente source de protéines, en plus de contenir le tiers de nos besoins quotidiens en fibres, grâce aux pâtes de blé entier et aux petits pois.

SEMAINE 2

LISTE D'ÉPICERIE

4 PORTIONS

LÉGUMES

BETTERAVES ROUGES PRÉCUITES	**500** g
CAROTTE	**1** GROSSE
CONCOMBRE ANGLAIS	**1** PETIT
CONCOMBRES LIBANAIS	**1** EMBALLAGE DE **6** UNITÉS
COURGETTE JAUNE	**1** PETITE
COURGETTES VERTES	**2** PETITES
LAITUE BOSTON	**1** POMME
MAÏS EN GRAINS SURGELÉ	**350** g (**500** ml)
MINI BOK CHOYS	**8** À **10**
MINI CAROTTES	**1** EMBALLAGE DE **340** g
MINI POIVRONS	**1** EMBALLAGE DE **227** g
OIGNONS	**3**
OIGNONS VERTS	**7**
OLIVES DE KALAMATA	**16**
POIS MANGE-TOUT	**200** g
POIVRON JAUNE	**1**
POIVRON ORANGE	**1**
POIVRONS ROUGES	**3**
POIVRONS ROUGES RÔTIS EN POT	**45** ml
TOMATES CERISES	**24**
TOMATES EN DÉS (EN CONSERVE) SANS SEL AJOUTÉ	**2** BOÎTES DE **796** ml

FRUITS

CANNEBERGES SÉCHÉES	**8** g (**15** ml)
CITRON	**1** PETIT
ORANGES	**2**
POMME VERTE	**1**

PRODUITS CÉRÉALIERS

BAGELS MINCES DE GRAINS ENTIERS	**4**
COUSCOUS DE BLÉ ENTIER	**250** ml
FEUILLES DE RIZ (**23** CM - **9** PO)	**8**
GRANDES TORTILLAS DE GRAINS ENTIERS	**12**
LINGUINIS DE BLÉ ENTIER	**170** g
NOUILLES ASIATIQUES DE TYPE UDON	**200** g

LAIT ET SUBSTITUTS

YOGOURT GREC NATURE	**105** g

VIANDES ET SUBSTITUTS

CREVETTES CRUES DÉCORTIQUÉES, DÉVEINÉES ET SANS LA QUEUE	**500** g
FILET DE PORC FRAIS	**800** g
FILET DE TILAPIA FRAIS OU SURGELÉ	**600** g
HARICOTS ROUGES (EN CONSERVE) SANS SEL AJOUTÉ	**2** BOÎTES DE **540** ml
SANS-VIANDE HACHÉ ORIGINAL	**2** EMBALLAGES DE **340** g
SAUMON FRAIS SANS LA PEAU	**980** g
TOFU FERME	**225** g
TOFU MI-FERME DE TYPE SUNRISE	**454** g

À AVOIR AU FRIGO, AU GARDE-MANGER OU AU JARDIN

BASILIC FRAIS	**13** g (**125** ml)
BOUILLON DE LÉGUMES À TENEUR RÉDUITE EN SODIUM	**250** ml
BOUILLON DE POULET À TENEUR RÉDUITE EN SODIUM	**750** ml
CIBOULETTE FRAÎCHE	**12** g (**60** ml)
CORIANDRE FRAÎCHE	**1** BOUQUET
CRÈME SURE ALLÉGÉE	**1** CONTENANT **250** ml
GINGEMBRE FRAIS	**1** RACINE MOYENNE
MENTHE FRAÎCHE	**1** BOUQUET
PERSIL FRAIS	**60** g (**250** ml)
TAPENADE D'OLIVES VERTES	**15** g (**15** ml)

MENUS

	LUNDI	MARDI	MERCREDI	JEUDI	VENDREDI
DÉJEUNER	MUFFIN ANGLAIS AVEC BEURRE D'ARACHIDE	GRUAU NATURE PRÉPARÉ AVEC DU LAIT	PARFAIT AU YOGOURT (YOGOURT, GRANOLA ET FRUIT FRAIS)	*GRILLED-CHEESE* (p. 34)	CÉRÉALES DE GRAINS ENTIERS AVEC LAIT
	BOISSON DE SOYA ENRICHIE	GARNITURE: FRUITS SÉCHÉS ET NOIX HACHÉES (AU CHOIX)		COMPOTE DE FRUITS, SANS SUCRE AJOUTÉ	FRUIT FRAIS (AU CHOIX)
	FRUIT FRAIS (AU CHOIX)				NOIX (AU CHOIX)
COLLATION	*SALADE DE FRUITS FRAIS*	*YOGOURT ET GRAINES DE CHIA*	*FRUIT FRAIS (AU CHOIX)*	*BOISSON DE SOYA ENRICHIE*	*ŒUF CUIT DUR*
	GRAINES DE CITROUILLE		*FÈVES DE SOYA RÔTIES*	*CÉRÉALES DE GRAINS ENTIERS EN BOUCHÉE*	*CRAQUELINS DE GRAINS ENTIERS*
DÎNER	ROULEAU DE PRINTEMPS EXPRESS	BAGEL TOFU-OLIVES VERTES	TORTILLA AU PORC FRUITÉ	TORTILLA ROULÉE AU SAUMON	CHILI EN THERMOS
	POIVRON JAUNE, EN LANIÈRES	CONCOMBRE LIBANAIS	CONCOMBRE ANGLAIS, COUPÉ EN RONDELLES	CAROTTE, EN BÂTONNETS	1 GRANDE TORTILLA DE BLÉ ENTIER
	FRUIT FRAIS (AU CHOIX)	TOMATES CERISES	HUMMUS	1 PETIT JUS DE LÉGUMES À TENEUR RÉDUITE EN SODIUM (**156** ml)	CRUDITÉS (MINI CAROTTES, MINI POIVRONS, CONCOMBRE LIBANAIS)
		PETITS FRUITS (AU CHOIX)	COMPOTE DE FRUITS, SANS SUCRE AJOUTÉ	FRUIT FRAIS (AU CHOIX)	TREMPETTE (SALSA ET CRÈME SURE)
COLLATION	*BEURRE DE TOURNESOL OU DE SOYA (ARACHIDE, SI PERMIS)*	*CRUDITÉS (AU CHOIX)*	*FROMAGE COTTAGE*	*YOGOURT*	*FROMAGE CHEDDAR FAIBLE EN GRAS*
	CRAQUELINS DE GRAINS ENTIERS	*HUMMUS*	*TOMATES CERISES*	*GRAINES DE CHIA*	*COMPOTE DE FRUITS, SANS SUCRE AJOUTÉ*
SOUPER	TILAPIA TOMATES-BASILIC	SAUTÉ DE PORC FRUITÉ ET SES LÉGUMES	SAUMON AU PAPRIKA	CHILI TOUT VÉGÉ	CREVETTES AU SÉSAME
	YOGOURT	COMPOTE DE FRUITS, SANS SUCRE AJOUTÉ	POUDING AU RIZ OU AU TAPIOCA	SALADE DE FRUITS FRAIS	MORCEAUX DE FRUITS FRAIS (AU CHOIX), AVEC UN FILET DE CHOCOLAT NOIR FONDU
	PETITS FRUITS (AU CHOIX)	LAIT			

ROULEAU DE PRINTEMPS EXPRESS

4 (2 rouleaux par pers.) | 20 min | 1 min | non

INGRÉDIENTS

8 feuilles de riz de 23 cm (9 po) de diamètre

8 feuilles de laitue Boston, lavées et bien essorées

3 oignons verts, émincés

½ concombre anglais, coupé sur la longueur en juliennes

1 grosse carotte, râpée

1 emballage (225 g) de tofu ferme, coupé en bâtonnets

Au goût, coriandre fraîche

POUR LA SAUCE

125 ml (½ tasse) d'eau

125 ml (½ tasse) de beurre d'arachide crémeux

15 ml (1 c. à s.) de sauce soya à teneur réduite en sodium

5 ml (1 c. à t.) d'huile de sésame grillé

2,5 ml (½ c. à t.) de sauce sriracha

15 ml (1 c. à s.) de graines de sésame grillées

PRÉPARATION

Dans un grand bol d'eau fraîche qui a été chauffée, mettre à tremper entièrement chaque feuille de riz pendant environ 20 secondes ou jusqu'à ce qu'elle soit souple. Retirer de l'eau et déposer sur un linge propre.

Disposer d'abord une feuille de laitue sur la feuille de riz.

Ajouter ensuite ⅛ de l'ensemble des ingrédients de la garniture et rouler fermement.
Procéder de la même façon pour le reste des rouleaux. Envelopper les rouleaux dans une feuille de pellicule plastique ou dans un contenant avec un couvercle fermé hermétiquement pour garder leur humidité jusqu'au moment de les déguster.

- Mettre l'eau et le beurre d'arachide dans un grand bol allant au four à micro-ondes.
- Faire chauffer 30 secondes au four à micro-ondes ou juste assez pour que le beurre d'arachide et l'eau se mélangent facilement.
- Ajouter la sauce soya, l'huile de sésame et la sauce sriracha. Bien mélanger.
- Répartir dans 4 petits contenants avec un couvercle.
- Saupoudrer chaque portion de graines de sésame. Réserver au réfrigérateur.
- Présenter les rouleaux avec la sauce au moment de servir.

VARIANTES

Remplacer le beurre d'arachide par du beurre de graines de tournesol ou de soya pour respecter les mesures contre les allergies des écoles. Ces produits sont en vente dans les épiceries sous le nom de Wowbutter et Sunbutter.

Remplacer les oignons verts, les carottes et le concombre par des légumes râpés du commerce (salade de chou et carottes ou julienne de carottes).

Remplacer le tofu par du poulet cuit coupé en lanières.

NUTRI-NOTE

Les rouleaux de printemps sont très amusants dans la boîte à lunch et peuvent se décliner sous différentes formes. Optez pour des légumes de couleurs variées qui apportent chacun différents nutriments!

TILAPIA TOMATES-BASILIC

| 4 | 15 min | 17 min | non |

INGRÉDIENTS

PRÉPARATION

Préchauffer le four à 230 °C (450 °F).

170 g de linguine de blé entier

Faire cuire les pâtes selon les instructions sur l'emballage.
Égoutter.

30 ml (2 c. s.) d'huile d'olive

Au goût, sel et poivre

Verser 10 ml (2 c. à t.) d'huile d'olive, ajouter du sel et du poivre.
Bien mélanger.
Garder au chaud jusqu'au moment de servir.

24 tomates cerises, coupées en quatre

2 petites courgettes vertes, tranchées

1 petite courgette jaune, tranchée

1 petit oignon, coupé en lamelles

1 grosse gousse d'ail, finement hachée

16 olives de Kalamata dénoyautées et coupées en deux

Pendant ce temps, mettre dans un bol le reste de l'huile d'olive, les tomates, les courgettes, l'oignon, l'ail et les olives.
Bien mélanger.
Réserver.

600 g de filets de tilapia frais ou surgelé, décongelé

Déposer les filets de poisson dans un grand plat allant au four recouvert de papier parchemin.
Répartir le jus et le zeste de citron, le sel et le poivre ainsi que le mélange de légumes sur les filets de poisson.
Faire cuire au four pendant 17 minutes ou jusqu'à ce que le poisson se détache facilement à la fourchette et que la chair soit opaque.
Servir le poisson et les légumes sur les linguine.

1 citron (jus et zeste)

Au moment de servir, couper le demi-citron restant en quartiers et les déposer dans chaque assiette.

125 ml (½ tasse) de basilic frais, haché

Garnir de basilic.

VARIANTE

Remplacer le tilapia par un autre poisson blanc (morue, pangasius, etc.).

NUTRI-NOTE

Le tilapia, avec son goût plutôt neutre, permet d'apprivoiser le goût du poisson. Combiné à des pâtes de blé entier qui apportent des fibres, ce repas est parfaitement équilibré !

BAGEL TOFU-OLIVES VERTES

4	**10** min	aucune	non

INGRÉDIENTS

4 bagels minces de grains entiers

454 g (1 lb) de tofu mi-ferme de type Sunrise

45 ml (3 c. à s.) de yogourt grec nature

15 ml (1 c. à s.) de mayonnaise

15 ml (1 c. à s.) de tapenade d'olives vertes

45 ml (3 c. à s.) de poivron rouge rôti (du commerce ou maison), égouttés et coupés finement

125 ml (½ tasse) de persil frais, haché

Au goût, sauce tabasco

Au goût, sel et poivre

Au goût, feuilles de laitue Boston

PRÉPARATION

- Ouvrir chaque bagel mince en deux. Réserver.
- Écraser le tofu à la fourchette dans un grand bol. Ajouter le yogourt, la mayonnaise, la tapenade, le poivron rouge rôti, le persil, le tabasco, le sel et le poivre. Mélanger.
- Répartir ce mélange et la laitue sur une moitié de bagel. Couvrir de l'autre moitié.

VARIANTE

Remplacer le poivron rouge rôti par des poivrons frais. Servir la garniture de tofu avec des craquelins de grains entiers.

NUTRI-NOTE

Le tofu est une bonne source de protéines et même de calcium. Marié aux olives et aux poivrons rouges rôtis, ce sandwich plaira à toute la famille !

SAUTÉ DE PORC FRUITÉ ET SES LÉGUMES

4	**20** min	**20** min	oui

INGRÉDIENTS

250 ml (1 tasse) de riz basmati

500 ml (2 tasses) de bouillon de poulet à teneur réduite en sodium

480 g (environ 1 lb) de filet de porc coupé en lanières

15 ml (1 c. à s.) d'huile de canola

30 ml (2 c. à s.) de gingembre frais, émincé

1 gousse d'ail, émincée

2 poivrons rouges, coupés en lanières

8 à 10 mini bok choys, coupés en deux

PRÉPARATION

Rincer à l'eau froide le riz à l'aide d'un tamis.

Dans une grande casserole, mettre le riz et le bouillon de poulet. Couvrir et porter à ébullition. Remuer. Couvrir et cuire à feu doux 20 minutes ou jusqu'à ce que le liquide soit absorbé. Laisser reposer à couvert.

Pendant ce temps, couper le porc en lanières. Réserver (voir note « À prévoir »).

Dans une très grande poêle ou un wok, faire chauffer l'huile à feu moyen-élevé. Cuire les lanières de porc pendant environ 8-10 minutes ou jusqu'à ce qu'elles soient bien dorées. Retirer le porc de la poêle. Réserver au chaud. Si vous préparez le surplus de lanières de porc pour les lunchs du lendemain, pensez à retirer cette quantité et à la mettre au réfrigérateur dans un contenant fermé. Mettre le gingembre et l'ail dans la poêle, ajouter un peu d'huile au besoin. Faire chauffer légèrement quelques secondes en brassant constamment. Ajouter la sauce et amener à ébullition.

Ajouter les poivrons et les bok choys. Mélanger. Amener à nouveau à ébullition. Remettre le porc dans la poêle. Faire chauffer. Servir le sauté de porc sur un lit de riz basmati.

POUR LA SAUCE

15 ml (1 c. à s.) de
fécule de maïs

250 ml (1 tasse) de
bouillon de poulet à
teneur réduite en sodium

1 orange (zeste et jus)

30 ml (2 c. à s.) de
vinaigre de riz

60 ml (¼ tasse) de
sauce hoisin

- Dans un bol, mélanger
  tous les ingrédients
  de la sauce.
- Réserver.

À PRÉVOIR

Cuire 320 g de filet de
porc de plus (il restera
environ 240 g une fois
cuit) pour les lunchs
du lendemain.

VARIANTE

Remplacer le riz par
des nouilles de riz.

NUTRI-NOTE

Ce sauté musclé est une
excellente source de
protéines et de fer! C'est
aussi une belle occasion
de faire découvrir aux
enfants les mini bok
choys, ces choux chinois
qui donnent une touche
d'exotisme au plat.

TORTILLA AU PORC FRUITÉ

| 4 | **10** min | aucune | non |

INGRÉDIENTS

30 ml (2 c. à s.) de yogourt grec nature

30 ml (2 c. à s.) de mayonnaise

1 petite orange (zeste et pulpe)

15 ml (1 c. à s.) de canneberges séchées

4 grandes tortillas de grains entiers

240 g (environ ½ lb) de lanières de porc, cuit

Au goût, feuilles de laitue Boston

PRÉPARATION

Mélanger le yogourt, la mayonnaise, le zeste de la moitié de l'orange et les canneberges dans un petit bol.

Répartir et tartiner sur chaque tortilla.

Faire des suprêmes d'orange et les couper en petits dés.

Répartir les suprêmes d'orange, le porc et la laitue sur chaque tortilla. Rouler chaque tortilla fermement pour retenir la garniture.

VARIANTES

Remplacer la pulpe d'orange par des petits dés de pêches fraîches. Ajouter des pousses de tournesol ou de radis.

NUTRI-NOTE

Mélanger la mayonnaise au yogourt permet d'augmenter la teneur en calcium et en protéines.

SAUMON AU PAPRIKA

| 4 | 15 min | 5 min | oui |

INGRÉDIENTS

250 ml (1 tasse) de couscous de blé entier

250 ml (1 tasse) de bouillon de légumes à teneur réduite en sodium

1 emballage (500 g) de betteraves rouges précuites, coupées en bouchées

125 ml (½ tasse) de persil, haché finement

1 pomme verte avec la pelure, coupée en petits morceaux

15 ml (1 c. à s.) d'huile d'olive

15 ml (1 c. à s.) de vinaigre de cidre de pomme

Au goût, sel et poivre

15 ml (1 c. à s.) de sirop d'érable

15 ml (1 c. à s.) d'huile d'olive

15 ml (1 c. à s.) de paprika

Au goût, sel et poivre

500 g (environ 1 lb) de saumon frais sans la peau, coupé en cubes de 2 cm (environ 1 po)

PRÉPARATION

Préchauffer le gril du four (broil).

Dans un grand bol, mettre le couscous. Réserver.

Dans une casserole, porter à ébullition le bouillon de légumes. Verser le liquide sur le couscous. Couvrir et laisser reposer pendant 5 minutes, ou jusqu'à ce que tout le liquide soit absorbé. Défaire à la fourchette avant de servir.

Pendant ce temps, dans un grand bol, mettre la betterave, le persil, la pomme, l'huile d'olive, le vinaigre, le sel et le poivre. Mélanger. Réserver.

En parallèle, dans un autre grand bol, mettre le sirop d'érable, l'huile, le paprika, le sel, le poivre et le saumon (voir note « À prévoir »). Mélanger. Déposer le saumon assaisonné en une seule couche sur une plaque de cuisson recouverte de papier parchemin. Mettre au four sous le gril pendant 5 minutes ou jusqu'à ce que le poisson soit doré et que la chair se détache facilement à la fourchette. Servir le saumon sur le couscous accompagné de la salade de betterave.

À PRÉVOIR

Cuire 480 g de poisson de plus pour les lunchs du lendemain (il en restera environ 320 g une fois cuit). Cette quantité de poisson doit aussi être coupée en cubes, mais n'a pas besoin d'être assaisonnée au paprika, un peu d'huile, du sel et du poivre sont suffisants.

VARIANTE

Remplacer les betteraves rouges par des betteraves jaunes.

NUTRI-NOTE

Les betteraves contiennent du béta-carotène qui se transforme dans l'organisme en vitamine A, reconnue pour aider au maintien des fonctions immunitaires.

TORTILLA ROULÉE AU SAUMON

| 4 | 5 min | aucune | non |

INGRÉDIENTS

30 ml (2 c. à s.) de yogourt grec nature

30 ml (2 c. à s.) de mayonnaise

60 ml (¼ tasse) de ciboulette fraîche, hachée finement

4 grandes tortillas de grains entiers

320 g (environ ¾ lb) de saumon cuit, en cubes

PRÉPARATION

- Mélanger le yogourt, la mayonnaise et la ciboulette dans un petit bol. Répartir et tartiner sur chaque tortilla.
- Répartir le saumon.
- Rouler les tortillas fermement pour retenir la garniture.

VARIANTE

Remplacer la ciboulette fraîche par de la ciboulette séchée.

NUTRI-NOTE

On sait que le saumon est une source importante d'oméga-3 bénéfique pour la santé. Grâce à cette délicieuse recette ultra-rapide, il n'y a plus de raison de ne plus le cuisiner !

CHILI TOUT VÉGÉ

| 8 | 15 min | 20 min | oui |

INGRÉDIENTS	PRÉPARATION
	Préchauffer le four à 230 °C (450 °F).
15 ml (1 c. à s.) d'huile végétale	Faire chauffer l'huile dans une grande casserole.
1 gros oignon, en petits dés	Ajouter l'oignon et faire cuire jusqu'à ce qu'il devienne transparent.
15 ml (1 c. à s.) de chaque épice : poudre de chili et cumin moulu	Ajouter les épices et l'ail. Faire cuire 1 minute en mélangeant constamment.
2 gousses d'ail	
2 emballages (340 g chacun) de « sans-viande haché » (goût original)	Ajouter le « sans-viande haché » et défaire en petits morceaux à l'aide d'une fourchette. Mélanger.
2 boîtes (540 ml chacune) de haricots rouges, sans sel ajouté, rincés et égouttés	Ajouter les haricots rouges et les tomates en dés. Laisser mijoter à feu doux jusqu'à ce que le tout devienne chaud, environ 10 minutes.
1 boîte (796 ml) de tomates en dés avec leur jus, sans sel ajouté	
250 ml (1 tasse) de maïs en grains surgelé	Ajouter le maïs, le sel et le poivre. Laisser mijoter 3 minutes de plus.
Au goût, sel et poivre	

VARIANTE

Remplacer les crudités par une salade de poivrons, de maïs et d'oignons rouges.

COMME ACCOMPAGNEMENT

2 ml (½ c. à t.) d'huile de canola

2 grandes tortillas de blé entier

Au goût, paprika fumé

Au goût, mini carottes, mini poivrons et concombres libanais

Salsa et crème sure légère (facultatif)

- Verser 1 ml (¼ c. à t.) d'huile sur chaque tortilla et badigeonner avec un pinceau de cuisine, puis saupoudrer d'un peu de paprika fumé. Couper les tortillas en pointes. Les déposer sur une plaque de cuisson recouverte d'un papier parchemin. Cuire au four 6 minutes ou jusqu'à ce qu'elles soient légèrement dorées et croustillantes.

- Servir le chili avec les crudités et les croustilles de tortillas.

- Pour ceux qui le désirent, ajouter de la salsa et de la crème sure (ou un mélange de yogourt grec nature arrosé de jus de lime et garni de coriandre fraîche).

*À NOTER : La quantité de chili est déjà doublée pour les lunchs du lendemain. Si vous ne le consommez pas entièrement, il peut se conserver au congélateur de 2 à 3 mois.

NUTRI-NOTE

Il n'est pas nécessaire de manger de la viande pour combler nos besoins en fer. Par exemple, une portion de ce chili nous apporte près de la moitié de nos besoins quotidiens ! Cette recette est aussi une excellente source de fibres. Olé !

CHILI EN THERMOS

4	10 min	10 min	oui

INGRÉDIENTS

1 recette de chili supplémentaire

PRÉPARATION

- Faire bouillir au moins 1 litre d'eau dans une casserole.
- Répartir l'eau dans chacun des thermos.
- Fermer hermétiquement les thermos.
- Laisser l'eau bouillante dans les thermos au moins 10 minutes.
- Pendant ce temps, mettre le chili dans une casserole et le faire chauffer en le remuant constamment et en ajoutant un peu d'eau ou de bouillon si nécessaire.
- Vider l'eau des thermos.
- Remplir chaque thermos du chili bien chaud.

NUTRI-NOTE

On aime les légumineuses qui apportent des protéines et de précieuses fibres !

CREVETTES AU SÉSAME

4	20 min	15 min	oui

INGRÉDIENTS

PRÉPARATION

500 g (environ 1 lb) de crevettes crues, décortiquées, déveinées et sans la queue

Passer les crevettes sous l'eau fraîche à l'aide d'une passoire. Bien égoutter. Les éponger sur du papier absorbant. Mettre les crevettes dans le bol qui contient la marinade.

200 g (environ ½ lb) de pois mange-tout

Ajouter les pois mange-tout, les poivrons, l'ail et la partie blanche des oignons verts. Conserver la partie verte pour la fin. Mélanger et réserver.

1 poivron de chaque couleur (jaune, orange et rouge), coupés en lanières

1 gousse d'ail, hachée finement

4 oignons verts, hachés finement

Préchauffer le four à 230 °C (450 °F).

200 g de nouilles asiatiques de type udon

Faire cuire les nouilles selon les instructions sur l'emballage. Égoutter. Verser la sauce préalablement préparée sur les pâtes. Bien mélanger. Réserver. Pendant ce temps, retirer les crevettes et les légumes de la marinade. Jeter la marinade. Déposer les crevettes et les légumes dans un grand plat allant au four recouvert d'un papier parchemin.

30 ml (2 c. à s.) de gingembre frais, finement haché

Répartir le gingembre et les graines de sésame sur les légumes et les crevettes. Cuire au four 10 minutes ou jusqu'à ce que les crevettes soient cuites. Servir les légumes et les crevettes accompagnés des pâtes. Saupoudrer de la partie verte des oignons verts hachés.

15 ml (1 c. à s.) de graines de sésame grillées

VARIANTE

Remplacer les crevettes par des lanières de tofu mariné à la sriracha.

POUR LA SAUCE

45 ml (3 c. à s.)
d'huile de canola

30 ml (2 c. à s.) d'huile
de sésame grillé

45 ml (3 c. à s.) de
sauce soya, à teneur
réduite en sodium

45 ml (3 c. à s.) de sauce
mirin ou de miel liquide

15 ml (1 c. à s.) de
vinaigre de riz

2,5 ml (½ c. à t.) de
sauce sriracha

- Mettre tous les
  ingrédients de la
  sauce dans un bol
  et mélanger.
- Diviser la sauce en
  deux parts égales.
  Une moitié servira
  comme marinade
  et l'autre, comme
  sauce pour les pâtes.
- Réserver.

NUTRI-NOTE

Les crevettes sont une
source de protéines maigres
qui permettent d'enrichir
nos menus en produits
marins. Grâce aux poivrons
rouges, nous atteignons
trois fois nos besoins
quotidiens en vitamine C
avec une seule portion !

SEMAINE 3

LISTE D'ÉPICERIE

4 PORTIONS

LÉGUMES

BÉBÉS ÉPINARDS	**50** g (**500** ml)
CAROTTES	**4** MOYENNES
KALE	**70** g (**500** ml)
CHOU-FLEUR	**1** PETIT
COURGETTE VERTES	**1**
FEUILLES DE LAITUES MÉLANGÉES	**1** EMBALLAGE DE **312** g
MAÏS EN GRAINS SURGELÉ	**265** g (**375** ml)
MINI TOMATES	**20**
OIGNON ESPAGNOL	**1**
OIGNON	**1**
OIGNONS ROUGES	**2**
POIVRON JAUNE	**1**
POIVRON ORANGE	**1**
POIVRONS ROUGES	**2** PETITS
POIVRON VERT	**1**
POMMES DE TERRE GRELOTS	**454** g
SAUCE TOMATES (EN CONSERVE) SANS SEL AJOUTÉ	**1** BOÎTE DE **680** ml
TOMATES EN DÉS (EN CONSERVE) SANS SEL AJOUTÉ	**1** BOÎTE DE **540** ml + **1** BOÎTE DE **796** ml

FRUITS

LIME	**1** PETITE
POIRES	**2**

À AVOIR AU FRIGO, AU GARDE-MANGER OU AU JARDIN

BASILIC FRAIS	**13** g (**125** ml)
BOUILLON DE BŒUF À TENEUR RÉDUITE EN SODIUM	**450** ml
BOUILLON DE LÉGUMES À TENEUR RÉDUITE EN SODIUM	**2** L
BOUILLON DE POULET À TENEUR RÉDUITE EN SODIUM	**500** ml
PERSIL FRAIS	**32** g (**125** ml)

PRODUITS CÉRÉALIERS

BAGELS MINCES DE GRAINS ENTIERS	**4**
CRAQUELINS DE GRAINS ENTIERS	**1** EMBALLAGE DE **200** g
GRANDES TORTILLAS DE GRAINS ENTIERS	**4**
PAINS MINCES DE GRAINS ENTIERS	**8**
PENNES DE BLÉ ENTIER	**160** g (**500** ml)
MACARONIS DE BLÉ ENTIER	**55** g (**125** ml)
QUINOA	**160** ml

LAIT ET SUBSTITUTS

FROMAGE MOZZARELLA LÉGER	**65** g (**125** ml - RÂPÉ)
LAIT ÉVAPORÉ À **2** % DE M.G.	**1** BOÎTE DE **354** ml
YOGOURT GREC NATURE	**120** g

VIANDES ET SUBSTITUTS

DINDE CUITE ET TRANCHÉE, NATURELLE	**300** g
HARICOTS BLANCS (EN CONSERVE) SANS SEL AJOUTÉ	**2** BOÎTES DE **540** ml
HAUT DE SURLONGE DE BŒUF	**850** g
POITRINES DE POULET DÉSOSSÉES SANS PEAU	**920** g
SANS-VIANDE HACHÉ ORIGINAL	**340** g
SAUMON FRAIS AVEC LA PEAU	**960** g
VÉGÉPÂTÉ	**1** EMBALLAGE D'ENVIRON **230** g

MENUS

	LUNDI	MARDI	MERCREDI	JEUDI	VENDREDI
DÉJEUNER	PAIN DORÉ AUX FRUITS	GRUAU DU LENDEMAIN	RÔTIE DE GRAINS ENTIERS ET BEURRE D'ARACHIDE	CÉRÉALES DE GRAINS ENTIERS AVEC LAIT	BURRITO-MINUTE (p. 34)
	NOIX (AU CHOIX)	GARNITURE: FRUITS SÉCHÉS ET NOIX HACHÉES (AU CHOIX)	FRUIT FRAIS (AU CHOIX)	COMPOTE DE FRUITS, SANS SUCRE AJOUTÉ	SALADE DE FRUITS FRAIS
	LAIT		LAIT	NOIX (AU CHOIX)	
COLLATION	*FRUIT FRAIS (AU CHOIX)*	*FRUIT FRAIS (AU CHOIX)*	*POIS CHICHES RÔTIS*	*FRUIT FRAIS (AU CHOIX)*	*YOGOURT*
	FÈVES DE SOYA RÔTIES	*BOISSON DE SOYA ENRICHIE*	*COMPOTE DE FRUITS, SANS SUCRE AJOUTÉ*	*FROMAGE MOZZARELLA FAIBLE EN GRAS*	
DÎNER	BAGEL MINCE À LA DINDE	SANDWICH AU SAUMON À LA CAJUN	SANDWICH AU POULET CHIPOTLE	TORTILLA BŒUF-ESTRAGON	SOUPE EN THERMOS
	POIVRON ROUGE, EN LANIÈRES	CAROTTE, EN BÂTONNETS	MINI TOMATES	CHOU-FLEUR, EN BOUQUETS	CRAQUELINS DE GRAINS ENTIERS
	COMPOTE DE FRUITS, SANS SUCRE AJOUTÉ	1 PETIT JUS DE LÉGUMES À TENEUR RÉDUITE EN SODIUM (**156** ml)	POUDING AU CHIA (MÉLANGE DE BOISSON DE SOYA ENRICHIE ET GRAINES DE CHIA)	BOISSON DE SOYA ENRICHIE	VÉGÉPÂTÉ
		PETITS FRUITS (AU CHOIX)			FRUIT FRAIS (AU CHOIX)
COLLATION	*YOGOURT*	*FROMAGE MOZZARELLA FAIBLE EN GRAS*	*MUFFIN POIRE CHOCOLAT (p. 202)*	*MUFFIN POIRE CHOCOLAT (p. 202)*	*BOISSON DE SOYA ENRICHIE*
	GRAINES DE CHANVRE	*CRAQUELINS DE GRAINS ENTIERS*			*BARRE DE CÉRÉALES MAISON OU DU COMMERCE (MAX. 8 g DE SUCRES, MIN. 4 g DE PROTÉINES)*
SOUPER	SAUMON À LA CAJUN	POULET AU PAPRIKA FUMÉ ET À L'ÉRABLE	BŒUF AUX TROIS POIVRONS	SOUPE-REPAS AU KALE ET AUX HARICOTS BLANCS	PÂTES STYLE LASAGNE «ONE POT MEAL»
	MORCEAUX DE FRUITS FRAIS (AU CHOIX), AVEC FILET DE CHOCOLAT NOIR FONDU	SALADE DE FRUITS FRAIS	MORCEAUX DE FRUITS FRAIS (AU CHOIX), SAUPOUDRÉS DE CANNELLE	MORCEAUX DE FRUITS FRAIS (AU CHOIX), ENROBÉS DE YOGOURT GREC ET SAUPOUDRÉS DE GRANOLA	COMPOTE DE FRUITS, SANS SUCRE AJOUTÉ

BAGEL MINCE À LA DINDE

4	10 min.	aucune	non

INGRÉDIENTS

4 bagels minces de grains entiers

30 ml (2 c. à s.) de yogourt grec nature

30 ml (2 c. à s.) de mayonnaise

2 poires, tranchées finement

300 g de dinde cuite et tranchée, naturelle

Au goût, feuilles de laitues mélangées

PRÉPARATION

- Ouvrir chaque bagel mince en deux. Réserver.
- Mélanger le yogourt et la mayonnaise dans un petit bol. Tartiner sur chacun des demi-bagels.
- Répartir les tranches de poires, la dinde et la laitue sur la moitié des demi-bagels. Couvrir de l'autre moitié.

VARIANTE

Remplacer les bagels minces par des pains minces de grains entiers. Remplacer la poire par des tranches de pomme.

NUTRI-NOTE

Pour un lunch complet, servir avec des crudités et une trempette au yogourt grec et cari.

SAUMON À LA CAJUN

4	10 min.	20 min.	oui

INGRÉDIENTS

PRÉPARATION

Préchauffer le four à 230 °C (450 °F).

250 ml (1 tasse) de riz basmati

Rincer à l'eau froide le riz à l'aide d'un tamis.

500 ml (2 tasses) de bouillon de poulet à teneur réduite en sodium

Dans une grande casserole, mettre le riz et le bouillon de poulet. Couvrir et porter à ébullition. Remuer. Couvrir et cuire à feu doux 20 minutes ou jusqu'à ce que le liquide soit absorbé. Laisser reposer à couvert.

15 ml (1 c. à s.) d'huile de canola (pour le saumon)

480 g (environ 1 lb) de saumon frais avec la peau

30 ml (2 c. à s.) d'assaisonnement cajun (pour le poisson)

Huiler le saumon et frotter l'assaisonnement cajun sur le côté sans peau du saumon (voir note « À prévoir »). Couvrir un plat allant au four d'une feuille de papier parchemin et y déposer le poisson, côté peau vers le bas. Cuire au four 15 minutes, ou jusqu'à ce que la chair du poisson se détache facilement à la fourchette.

15 ml (1 c. à s.) d'huile de canola (pour les légumes)

20 mini tomates

1 poivron vert, coupé en très fines lamelles

1 oignon espagnol, coupé en très fines lamelles

375 ml (1½ tasse) de maïs en grains surgelé

Au goût, sel et poivre

En parallèle, mettre l'huile pour les légumes dans un grand bol. Ajouter les légumes et bien mélanger. Transférer le tout dans un plat allant au four recouvert d'un papier parchemin et cuire 10 minutes. Servir le poisson sur le riz avec les légumes en accompagnement.

À PRÉVOIR

Cuire 480 g de poisson de plus pour les lunchs du lendemain (il en restera environ 320 g une fois cuit).

VARIANTE

Remplacer le saumon par de la truite.

NUTRI-NOTE

On recommande de mettre le poisson au menu au moins 2 fois par semaine, tout particulièrement les espèces comme le saumon. En effet, il est une mine d'or d'oméga-3, ces bons gras qui favorisent la croissance, la santé cardiovasculaire et qui ont même un effet sur l'humeur ! Cette recette, qui rassasiera les plus affamés, est aussi une excellente source de protéines !

SANDWICH AU SAUMON À LA CAJUN

| 4 | **10** min | aucune | non |

INGRÉDIENTS

4 pains minces de grains entiers

30 ml (2 c. à s.) de yogourt grec nature

30 ml (2 c. à s.) de mayonnaise

½ lime (zeste)

Au goût, sel

320 g (environ ¾ lb) de filets cuits de saumon

Au goût, feuilles de laitues mélangées

PRÉPARATION

Ouvrir chaque pain mince en deux. Réserver.

Mélanger le yogourt, la mayonnaise, le zeste de lime et le sel dans un petit bol. Répartir et tartiner sur les pains.

Répartir le saumon et la laitue sur une des moitiés de chaque pain mince. Couvrir de l'autre moitié.

VARIANTE

Au lieu de conserver le saumon en gros morceaux, l'ajouter au mélange de yogourt et de mayonnaise, et l'écraser à la fourchette. Remplacer la lime par du citron.

NUTRI-NOTE

En utilisant le surplus de saumon cuit pour le lunch, on atteint nos deux portions de poisson hebdomadaires recommandées !

POULET AU PAPRIKA FUMÉ ET À L'ÉRABLE

| 4 | 20 min | 30 min | oui |

INGRÉDIENTS

7,5 ml (½ c. à s.) de paprika fumé (pour les légumes)

30 ml (2 c. à s.) d'huile de canola (pour les légumes)

454 g (1 lb) de pommes de terre grelots, coupées en quatre sur le sens de la longueur

1 petit chou-fleur (pour obtenir environ 1 L / 4 tasses de chou-fleur en petits bouquets)

Au goût, sel et poivre

15 ml (1 c. à s.) d'huile de canola (pour le poulet)

600 g (1⅓ lb) de poitrines de poulet désossées et sans la peau

80 ml (⅓ tasse) de sirop d'érable

2,5 ml (½ c. à t.) de paprika fumé

1 oignon rouge, coupé en lamelles

PRÉPARATION

Préchauffer le four à 200 °C (400 °F).

Dans un grand bol, mettre le paprika fumé et l'huile.

Ajouter les pommes de terre et le chou-fleur, le sel et le poivre. Mélanger pour bien enrober d'huile. Déposer les légumes sur une plaque de cuisson tapissée de papier parchemin. Cuire au four 30 minutes ou jusqu'à ce que les pommes de terre soient tendres.

Pendant ce temps, faire chauffer l'huile et cuire le poulet dans une grande poêle à feu moyen-vif environ 8 minutes de chaque côté (voir note « À prévoir »).

En parallèle, préparer la sauce : mettre le sirop d'érable et le paprika fumé dans un petit bol. Mélanger. Réserver.

Lorsque le poulet est cuit, le badigeonner d'un peu de sauce et faire caraméliser dans la poêle. Ajouter un peu de sauce à la fois en retournant fréquemment le poulet pour qu'il soit bien enduit de chaque côté. Puis ajouter le restant de la sauce et l'oignon. Cesser la cuisson lorsque le poulet est doré (sans être foncé), collant, et que la sauce est juste assez caramélisée. Servir le poulet recouvert d'oignon accompagné du chou-fleur et des pommes de terre.

À PRÉVOIR

Cuire 320 g de poitrine de poulet de plus (il restera environ 240 g une fois cuit) pour les lunchs du lendemain. Il y a suffisamment de sauce pour la quantité totale de poulet.

VARIANTE

Remplacer les poitrines de poulet par des pilons de poulet et les faire cuire au four 45 minutes à 200 °C (400 °F) recouverts de l'oignon et de la moitié de la sauce. Retourner les pilons de poulet à mi-cuisson et les recouvrir de la sauce restante.

NUTRI-NOTE

Cette recette est riche en protéines, en fibres et en fer. Le chou-fleur possède aussi une excellente valeur nutritive. Ce crucifère, de par sa teneur en antioxydants, contribue à réduire les risques de cancer.

SANDWICH AU POULET CHIPOTLE

4	15 min	aucune	non

INGRÉDIENTS

4 pains minces de grains entiers

30 ml (2 c. à s.) de yogourt grec nature

30 ml (2 c. à s.) de mayonnaise

1 ml (¼ c. à t.) de poudre de piment chipotle moulu

Au goût, sel et poivre

240 g de lanières cuites de poulet

½ poivron rouge, coupé en fines lanières

Au goût, feuilles de laitues mélangées

PRÉPARATION

- Ouvrir chaque pain mince en deux. Réserver.
- Mélanger le yogourt, la mayonnaise, la poudre de piment, le sel et le poivre dans un petit bol. Répartir et tartiner sur les pains.
- Répartir le poivron et la laitue sur une des moitiés de chaque pain mince. Couvrir de l'autre moitié.

VARIANTE

Remplacer le poulet cuit par des lanières de dinde précuites du commerce. Remplacer le poivron rouge par du poivron rouge rôti bien épongé.

NUTRI-NOTE

L'utilisation d'épices dans nos recettes permet de rehausser la saveur sans ajouter de sel.

BŒUF AUX TROIS POIVRONS

4	20 min	35 min	oui

INGRÉDIENTS

160 ml (⅔ tasse) de quinoa

325 ml (1⅓ tasse) de bouillon de bœuf (pour le quinoa) à teneur réduite en sodium

500 g (environ 1 lb) de bœuf de haut de surlonge, coupé en lanières d'environ 1 cm (½ po)

45 ml (3 c. à s.) de moutarde de Dijon

Au goût, sel et poivre

15 ml (1 c. à s.) d'huile de canola

1 oignon rouge, coupé en lamelles

1 poivron de chaque couleur : jaune, orange et rouge, coupés en lanières

125 ml (½ tasse) de persil frais, haché

PRÉPARATION

Préchauffer le four à 100 °C (200 °F).

Rincer le quinoa sous l'eau fraîche à l'aide d'un tamis. Dans une grande casserole, mettre le quinoa et le bouillon de bœuf. Porter à ébullition. Baisser à feu moyen-doux, couvrir et laisser mijoter 20 à 25 minutes. Retirer du feu et laisser reposer 5 minutes.

Préparer la sauce. Réserver.

Badigeonner les lanières de bœuf de moutarde (voir note « À prévoir »). Assaisonner généreusement de poivre et d'un peu de sel.
Faire chauffer l'huile dans une poêle à feu moyen-élevé. Saisir le bœuf dans la poêle environ 1 minute de chaque côté ou jusqu'à ce qu'il soit bien cuit. Transférer dans un plat allant au four et mettre au four pour garder au chaud. Si vous avez fait cuire un surplus de viande pour les lunchs du lendemain, conservez cette part au réfrigérateur dans un contenant fermé.

Dans la même poêle, faire sauter l'oignon rouge et les poivrons. Ajouter un peu d'huile si nécessaire. Retirer et réserver.
Servir le bœuf sur le quinoa avec les légumes en accompagnement.

Napper le bœuf de la sauce et parsemer de persil frais.

POUR LA SAUCE

1 boîte (354 ml) de lait évaporé à 2 % de M.G.

15 ml (1 c. à s.) de fécule de maïs

125 ml (½ tasse) de bouillon de bœuf

- Verser le lait dans un bol.

- Ajouter la fécule de maïs et mélanger jusqu'à ce que le tout soit homogène. Réserver.

- Dans la même poêle (ou dans un autre chaudron), verser le bouillon de bœuf. Faire chauffer à feu élevé, en grattant le fond de la poêle avec une cuillère de bois, jusqu'à ce que la sauce soit réduite de moitié.

- Ajouter le mélange de lait et de fécule de maïs, amener à ébullition et cuire jusqu'à ce que la sauce soit chaude et ait légèrement épaissi.

À PRÉVOIR

Cuire 350 g de bœuf de plus pour les lunchs du lendemain (il en restera environ 260 g une fois cuit).

VARIANTE

Remplacer le quinoa par du millet ou des nouilles aux œufs.

NUTRI-NOTE

Il peut être parfois difficile de choisir la bonne coupe de bœuf pour la cuisine ! Optez pour des parties maigres, comme le haut de surlonge, car elles procurent tous les bénéfices de la viande, tels que les protéines, le fer et la vitamine B12, mais avec un contenu modéré en gras.

TORTILLA BŒUF-ESTRAGON

| 4 | **15** min | aucune | non |

INGRÉDIENTS

30 ml (2 c. à s.) de yogourt grec nature

30 ml (2 c. à s.) de mayonnaise

5 ml (1 c. à t.) de moutarde de Dijon

1 ml (¼ c. à t.) d'estragon séché

4 grandes tortillas de grains entiers

260 g (environ ½ lb) de haut de surlonge de bœuf cuit, coupé en lanières

Au goût, feuilles de laitues mélangées

PRÉPARATION

Mélanger le yogourt, la mayonnaise, la moutarde et l'estragon dans un petit bol.

Répartir et tartiner sur chaque tortilla.

Répartir la viande et la laitue.

Rouler fermement les tortillas pour retenir la garniture.

VARIANTES

Remplacer la tortilla par un pain mince de grains entiers. Ajouter des tranches d'avocat.

NUTRI-NOTE

Ce sandwich comble le quart des besoins en fer de la journée.

SOUPE-REPAS AU KALE ET AUX HARICOTS BLANCS

| 8 | 10 min | 20 min | oui |

INGRÉDIENTS

15 ml (1 c. à s.) d'huile de canola

1 oignon, haché finement

4 carottes, coupées en petits dés

2 gousses d'ail, hachées finement

Au goût, sel et poivre

2,5 ml (½ c. à t.) de curcuma moulu

5 ml (1 c. à t.) de cari en poudre

1 boîte (540 ml) de tomates en dés et leur jus, sans sel ajouté

2 L (8 tasses) de bouillon de légumes à teneur réduite en sodium

125 ml (½ tasse) de petites pâtes de blé entier (par exemple des macaronis)

2 boîtes (540 ml chacune) de haricots blancs sans sel ajouté, rincés et égouttés

500 ml (2 tasses) de kale frais, coupé en bouchées, bien tassé

Craquelins de grains entiers, en quantité suffisante

Végépâté, en quantité suffisante

PRÉPARATION

Faire chauffer l'huile dans une grande casserole.

Cuire l'oignon et les carottes pendant 3 minutes.

Ajouter l'ail, le sel, le poivre, le curcuma et le cari. Mélanger.

Ajouter les tomates et le bouillon. Porter à ébullition. Baisser le feu. Couvrir et laisser mijoter pendant 8 minutes.

Ajouter les pâtes, les haricots et le kale. Mélanger, couvrir et poursuivre la cuisson pendant 10 minutes.

Servir la soupe avec des craquelins de grains entiers et du végépâté.

VARIANTES

Remplacer les haricots blancs par des morceaux de poulet cuit ou des crevettes précuites. Remplacer les pâtes alimentaires par du maïs surgelé.

*À NOTER : La quantité de soupe est déjà doublée pour les lunchs du lendemain. Si vous ne la consommez pas entièrement, elle peut se conserver au congélateur pendant 2 à 3 mois.

NUTRI-NOTE

On a tout intérêt à intégrer les légumineuses au menu plus souvent. Grâce aux haricots blancs, une portion de cette soupe comble plus de la moitié de nos besoins quotidiens en fibres ! On pense à l'accompagner d'un yogourt grec ou de craquelins avec du végépâté pour augmenter sa teneur en protéines.

SOUPE EN THERMOS

4	10 min	5 min	oui

INGRÉDIENTS

1 recette de soupe supplémentaire
(environ 1 litre de soupe)

PRÉPARATION

- Faire bouillir au moins 1 litre d'eau dans une casserole.
- Répartir l'eau dans chacun des thermos.
- Fermer hermétiquement les thermos.
- Laisser l'eau bouillante dans les thermos au moins 10 minutes.
- Pendant ce temps, mettre la soupe dans une casserole et la faire chauffer. Ajouter un peu de bouillon si nécessaire.
- Vider l'eau des thermos.
- Remplir chaque thermos de la soupe bien chaude.

PÂTES STYLE LASAGNE « ONE POT MEAL »

4	15 min	20 min	oui

INGRÉDIENTS	PRÉPARATION
15 ml (1 c. à s.) d'huile d'olive	Faire chauffer l'huile dans une grande casserole.
1 courgette verte, coupée en morceaux	Ajouter la courgette et l'ail. Faire revenir en remuant constamment environ 2 minutes.
2 gousses d'ail, hachées finement	
1 emballage (340 g) de « sans-viande haché » (goût original)	Ajouter le « sans-viande haché » et le défaire en petits morceaux. Mélanger.
1 boîte (796 ml) de tomates en dés et leur jus, sans sel ajouté	Ajouter les tomates, la sauce tomate, l'origan et les pennes. Mélanger et porter à ébullition. Baisser le feu, couvrir et laisser mijoter à feu doux 15 minutes en mélangeant toutes les 3 minutes.
1 boîte (680 ml) de sauce tomate sans sel ajouté	
5 ml (1 c. à t.) d'origan séché	
500 ml (2 tasses) de pennes de blé entier (ou de pâtes courtes qui cuisent rapidement)	
125 ml (½ tasse) de basilic frais, haché (environ 40 g)	Ajouter un peu d'eau si nécessaire. Quand les pâtes sont tendres, ajouter la moitié du basilic frais et les épinards, et mélanger. Faire cuire quelques minutes, juste assez pour que les épinards soient chauds et tendres.
500 ml (2 tasses) de feuilles de bébés épinards bien tassées	
125 ml (½ tasse) de mozzarella légère, râpée grossièrement	Répartir la mozzarella sur le dessus des pâtes, couvrir et laisser fondre.

NUTRI-NOTE

Une recette populaire qui comble 30 % des besoins en calcium tout en étant une excellente source de fibres.

SALADE D'ACCOMPAGNEMENT

30 ml (2 c. à s.) d'huile d'olive

10 ml (2 c. à t.) de vinaigre balsamique

2,5 ml (½ c. à t.) de moutarde de Dijon

1 L de feuilles de laitues mélangées

Au goût, sel et poivre

- Dans un petit bol, préparer la vinaigrette : mélanger l'huile, le vinaigre balsamique et la moutarde. Fouetter. Réserver.
- Dans un grand bol, mettre les feuilles de laitues mélangées. Ajouter la vinaigrette et mélanger délicatement.
- Servir les pâtes avec la salade verte. Garnir du basilic restant.

VARIANTES

Remplacer le « sans-viande haché » par du veau haché ou de la dinde hachée. Ajouter 15 ml (1 c. à s.) de ricotta sur chaque portion avant de servir.

SEMAINE 4

LISTE D'ÉPICERIE

4 PORTIONS

LÉGUMES

BÉBÉS ÉPINARDS	100 g (1 L)
CAROTTES	5 MOYENNES
CÉLERI	1 TIGE MOYENNE
CHAMPIGNONS BLANCS	1 CONTENANT DE 227 g
CONCOMBRES ANGLAIS	2 PETITS
CONCOMBRES LIBANAIS	2 PETITS
ÉCHALOTES FRANÇAISES	3
FÈVES GERMÉES	220 g (500 ml)
HARICOTS VERTS SURGELÉS	580 g (1,25 L)
FEUILLES DE LAITUES MÉLANGÉES	1 EMBALLAGE DE 142 g
MINI TOMATES	56
OIGNONS	2
OIGNONS ROUGES	2 PETITS
OIGNONS VERTS	5
OLIVES DE KALAMATA	10
POIS MANGE-TOUT	335 g (500 ml)
POIVRONS JAUNES	2
POIVRONS ROUGES RÔTIS EN POT	60 ml
POMMES DE TERRE GRELOTS	454 g
POUSSES DE BETTERAVE OU DE RADIS	2 EMBALLAGES DE 75 g
TOMATES	3 PETITES

À AVOIR AU FRIGO, AU GARDE-MANGER OU AU JARDIN

BASILIC FRAIS	13 g (125 ml)
BOUILLON DE LÉGUMES À TENEUR RÉDUITE EN SODIUM	1 L
CORIANDRE FRAÎCHE	17 g (250 ml)
GINGEMBRE FRAIS	1 PETITE RACINE
PERSIL FRAIS	32 g (125 ml)
PESTO DE BASILIC	15 g (15 ml)
TAPENADE D'OLIVES NOIRES	135 g (135 ml)

FRUITS

CITRONS	2
LIMES	3 PETITES
PRUNEAUX	8

PRODUITS CÉRÉALIERS

BAGELS MINCES DE GRAINS ENTIERS	8
COUSCOUS DE BLÉ ENTIER	500 ml
GRANDES TORTILLAS DE GRAINS ENTIERS	8
LINGUINIS DE BLÉ ENTIER	240 g
NOUILLES DE RIZ À PAD THAÏ	160 g

LAIT ET SUBSTITUTS

FROMAGE FÉTA ALLÉGÉ	40 g (60 ml)
LAIT ÉVAPORÉ À 2 % DE M.G.	1 BOÎTE DE 354 ml
YOGOURT GREC NATURE	200 g

VIANDES ET SUBSTITUTS

AMANDES EFFILÉES	25 g (60 ml)
ARACHIDES ENTIÈRES	35 g (60 ml)
CREVETTES CRUES DÉCORTIQUÉES ET DÉVEINÉES	520 g
EDAMAMES SURGELÉS	330 g (500 ml)
FILET DE PORC	800 g
FILET DE TILAPIA FRAIS	4 FILETS DE 120 g
GRAINES DE TOURNESOL ÉCALÉES ET NON SALÉES	70 g (125 ml)
HARICOTS BLANCS (EN CONSERVE) SANS SEL AJOUTÉ	1 BOÎTE DE 540 ml
ŒUFS	9
POITRINES DE POULET DÉSOSSÉES SANS PEAU	620 g
TOFU FERME	454 g
TOFU MOU	LA MOITIÉ D'UN EMBALLAGE DE 454 g

MENUS

		LUNDI	MARDI	MERCREDI	JEUDI	VENDREDI
DÉJEUNER		MUFFIN ANGLAIS AVEC BEURRE D'ARACHIDE	GRUAU NATURE PRÉPARÉ AVEC DU LAIT	PARFAIT AU YOGOURT (YOGOURT, GRANOLA ET FRUITS FRAIS)	*GRILLED-CHEESE* (p. 34)	CÉRÉALES DE GRAINS ENTIERS AVEC LAIT
		BOISSON DE SOYA ENRICHIE	GARNITURE: FRUITS SÉCHÉS ET NOIX HACHÉES (AU CHOIX)		FRUIT FRAIS (AU CHOIX)	FRUIT FRAIS (AU CHOIX)
		FRUIT FRAIS (AU CHOIX)				NOIX (AU CHOIX)
COLLATION		*YOGOURT*	*FROMAGE FAIBLE EN GRAS*	*PETITS CARRÉS AUX FRUITS (p. 208)*	*COMPOTE DE FRUITS, SANS SUCRE AJOUTÉ*	*PETIT PARFAIT (YOGOURT, FRUITS FRAIS ET GRANOLA)*
		GRAINES DE CHIA	*FRUIT FRAIS (AU CHOIX)*		*GRAINES DE CITROUILLE*	
DÎNER		TORTILLA AUX ŒUFS	BAGEL POULET-PESTO	BOL BOUDDHA À LA CORIANDRE	BAGEL AU PORC ET ORIGAN	TORTILLA AU TOFU
		CONCOMBRE ANGLAIS, EN RONDELLES	CÉLERI ET CAROTTE, EN BÂTONNETS	**1** PETIT JUS DE LÉGUMES À TENEUR RÉDUITE EN SODIUM (**156** ml)	CAROTTE, EN BÂTONNETS	FROMAGE MOZZARELLA FAIBLE EN GRAS
		1 PETIT JUS DE LÉGUMES À TENEUR RÉDUITE EN SODIUM (**156** ml)	HUMMUS	FRUIT FRAIS (AU CHOIX)	HUMMUS	CÉLERI, EN BÂTONNETS
		COMPOTE DE FRUITS, SANS SUCRE AJOUTÉ	POUDING AU RIZ OU AU TAPIOCA		FRUIT FRAIS (AU CHOIX)	PETITS FRUITS (AU CHOIX)
COLLATION		*CRAQUELINS DE GRAINS ENTIERS*	*PETITS CARRÉS AUX FRUITS (p. 208)*	*CRAQUELINS DE GRAINS ENTIERS*	*FROMAGE MOZZARELLA FAIBLE EN GRAS*	*FRUIT FRAIS (AU CHOIX)*
		FROMAGE MOZZARELLA FAIBLE EN GRAS		*BEURRE DE TOURNESOL OU DE SOYA (ARACHIDE, SI PERMIS)*	*CRAQUELINS DE GRAINS ENTIERS*	*POIS CHICHES RÔTIS*
SOUPER		HARICOTS BLANCS À L'INDIENNE	TILAPIA AMANDINE	FILET DE PORC À LA TAPENADE	PAD THAÏ AU TOFU	LINGUINE AUX CREVETTES
		SALADE DE FRUITS FRAIS	YOGOURT, AVEC DES GRAINES DE CHANVRE ET DES FRUITS FRAIS (AU CHOIX)	LAIT	POUDING DE CHIA (MÉLANGE DE BOISSON DE SOYA ET DE GRAINES DE CHIA)	MORCEAUX DE FRUITS FRAIS (AU CHOIX), AVEC UN FILET DE CHOCOLAT NOIR FONDU
				COMPOTE DE FRUITS, SANS SUCRE AJOUTÉ		LAIT

TORTILLA AUX ŒUFS

| 4 | 10 min | 15 min | non |

INGRÉDIENTS

8 gros œufs

30 ml (2 c. à s.) de yogourt grec nature

30 ml (2 c. à s.) de mayonnaise

2 ml (½ c. à t.) de vinaigre de cidre de pomme

2 oignons verts, coupés en rondelles minces

125 ml (½ tasse) de persil frais, finement haché

60 ml (¼ tasse) de céleri, finement haché

Au goût, sel et poivre

4 grandes tortillas de grains entiers

Au goût, feuilles de laitues mélangées

PRÉPARATION

- Faire cuire les œufs dans l'eau bouillante pendant 10 minutes à découvert.
- Pendant ce temps, mettre le yogourt, la mayonnaise, le vinaigre, les oignons verts, le persil et le céleri dans un grand bol. Réserver.
- Écraser les œufs à l'aide d'une fourchette ou d'un pilon à pommes de terre. Ajouter le sel et le poivre. Bien mélanger.
- Répartir et tartiner sur chaque tortilla. Répartir la laitue.
- Rouler fermement les tortillas pour retenir la garniture.

VARIANTE

Remplacer les feuilles de laitues par des carottes râpées.

NUTRI-NOTE

Pour obtenir suffisamment de protéines aux repas, il faut compter deux œufs par portion.

HARICOTS BLANCS À L'INDIENNE

| 4 | 10 min | 25 min | oui |

INGRÉDIENTS

7,5 ml (½ c. à s.) d'huile d'olive

300 g (environ ½ lb) de poitrine de poulet désossée sans la peau, coupée en cubes

1 oignon, haché finement

1 ml (¼ c. à t.) de cannelle moulue

5 ml (1 c. à t.) de gingembre moulu

5 ml (1 c. à t.) de cumin moulu

160 ml (⅔ tasse) de quinoa

500 ml (2 tasses) de bouillon de légumes à teneur réduite en sodium

2,5 ml (½ c. à t.) de safran

1 boîte (540 ml) de haricots blancs, sans sel ajouté, rincés et égouttés

8 pruneaux, coupés en 4

4 carottes, coupées en rondelles d'environ ½ cm

250 ml (1 tasse) de haricots verts surgelés

Au goût, sel et poivre

PRÉPARATION

Dans la même grande casserole, faire chauffer l'huile. Faire dorer les cubes de poulet sans les faire trop cuire (voir note « À prévoir »).

Ajouter l'oignon et cuire environ 2 minutes. Ajouter les épices et le quinoa. Cuire une minute en brassant constamment.

Ajouter le bouillon, le safran, les haricots blancs, les pruneaux, les carottes, les haricots verts, le sel et le poivre. Mélanger et amener à ébullition. Baisser à feu très doux et cuire à couvert pendant 20 minutes ou jusqu'à ce que le quinoa et les légumes soient tendres.

À PRÉVOIR
Cuire 320 g de poulet coupé en lanières de plus pour les lunchs du lendemain (il restera environ 240 g une fois cuit).

NUTRI-NOTE
Les pruneaux ajoutent saveur et texture à la recette, tout en augmentant sa valeur nutritive.

BAGEL POULET-PESTO

| 4 | 10 min | aucune | non |

INGRÉDIENTS

4 bagels minces de grains entiers

30 ml (2 c. à s.) de yogourt grec nature

15 ml (1 c. à s.) de mayonnaise

15 ml (1 c. à s.) de pesto de basilic

60 ml (¼ tasse) de poivrons rouges rôtis (du commerce ou maison), égouttés et coupés finement

240 g (environ ½ lb) de lanières de poulet cuit

Au goût, feuilles de laitues mélangées

PRÉPARATION

Ouvrir chaque bagel mince en deux. Réserver.

Mélanger le yogourt, la mayonnaise, le pesto et les poivrons dans un petit bol. Tartiner chaque demi-bagel.

Répartir le poulet et la laitue sur une moitié de bagel. Couvrir de l'autre moitié.

VARIANTES

Remplacer les bagels par des pains minces de grains entiers ou des tortillas de grains entiers. Remplacer les poivrons rôtis par des poivrons frais.

NUTRI-NOTE

Penser toujours à cuire davantage de viande, de volaille et de poisson afin d'avoir plus de choix pour les lunchs. Les charcuteries sont toujours plus salées et moins protéinées que les viandes fraîches.

TILAPIA AMANDINE

| 4 | **10** min | **15** min | oui |

INGRÉDIENTS

3 échalotes françaises, hachées finement

2 petites gousses d'ail, hachées finement

30 ml (2 c. à s.) de moutarde de Dijon

125 ml (½ tasse) de lait évaporé à 2 % de M.G.

4 filets (environ 120 g chacun) de tilapia frais

30 ml (2 c. à s.) d'huile d'olive

Au goût, sel et poivre

60 ml (¼ tasse) d'amandes effilées

1 L (environ 465 g) de haricots verts, surgelés

½ citron, coupé en quartiers

PRÉPARATION

Préchauffer le four à 230 °C (450 °F).

Dans un grand plat allant au four, mettre les échalotes françaises, l'ail, la moutarde et le lait évaporé. Mélanger.

Enduire le poisson d'huile et le déposer dans le plat sur la sauce.

Saler et poivrer les filets et répartir les amandes sur le dessus. Cuire au four 15 minutes, ou jusqu'à ce que la chair du poisson se détache facilement à la fourchette.

Pendant ce temps, cuire les haricots verts à la vapeur. Réserver au chaud.

Au moment de servir, garnir l'assiette du demi-citron coupé en quartiers.

En parallèle, préparer le couscous de blé entier.

VARIANTE

Remplacer les filets de poisson frais par des filets de tilapia surgelés, décongelés. Bien assécher le poisson avant de le cuisiner.

À PRÉVOIR

Doubler la recette de couscous de blé entier pour les lunchs du lendemain.

NUTRI-NOTE

Les noix sont des plus nutritives. En plus de les manger en collation, on peut facilement les intégrer à plusieurs recettes. Les amandes contiennent de bons gras, des fibres et du calcium.

POUR LE COUSCOUS DE BLÉ ENTIER

250 ml (1 tasse) de couscous de blé entier

250 ml (1 tasse) de bouillon de légumes à teneur réduite en sodium

10 ml (2 c. à t.) d'huile d'olive

½ citron (jus et zeste)

- Mettre le couscous dans un grand bol (voir note « À prévoir »).

- Verser le bouillon de légumes, le jus et le zeste d'un demi-citron, et l'huile dans une casserole. Porter à ébullition.

- Verser le liquide sur le couscous. Couvrir et laisser reposer pendant 5 minutes, ou jusqu'à ce que tout le liquide soit absorbé. Défaire à la fourchette avant de servir.

- Servir le poisson sur le couscous avec les haricots et le quartier de citron en accompagnement.

BOL BOUDDHA
À LA CORIANDRE

| 4 | **20** min | **3** min | non |

INGRÉDIENTS

POUR LA GARNITURE

500 ml (2 tasses) d'edamames surgelés

500 ml (2 tasses) de couscous de blé entier cuit

125 ml (½ tasse) de carottes, râpées très finement

½ concombre anglais, coupé en 16 rondelles

16 tomates cerises, coupées en deux

1 poivron jaune, coupé en bâtonnets

250 ml (1 tasse) de pousses de betterave ou de radis rouges

125 ml (½ tasse) de graines de tournesol écalées, non salées

125 ml (½ tasse) de coriandre fraîche, hachée

PRÉPARATION

Mélanger les ingrédients de la sauce et réserver.

Cuire les edamames 3 minutes au four à micro-ondes selon les indications sur l'emballage.

Diviser les ingrédients de la garniture en quatre parts égales, sauf la coriandre, et les déposer dans quatre bols.

Garnir avec de la sauce et de la coriandre au moment de déguster.

INGRÉDIENTS POUR LA SAUCE

80 ml (⅓ tasse) de yogourt grec nature

30 ml (2 c. à s.) de mayonnaise

2,5 ml (½ c. à t.) de gingembre moulu

2,5 ml (½ c. à t.) de sauce sriracha

½ lime (jus et zeste)

Au goût, sel et poivre

VARIANTE

Remplacer les carottes par de la betterave rouge en julienne.

NUTRI-NOTE

Les edamames sont considérés comme des protéines complètes. Ils apportent donc à l'organisme tous les acides aminés essentiels (soit les constituants de base des protéines). Les bols Bouddha sont appréciés de tous pour leurs couleurs vives!

FILET DE PORC À LA TAPENADE

| 4 | 15 min | 30 min | oui (porc) |

INGRÉDIENTS

480 g (environ 1 lb) de filet de porc

454 g (1 lb) de pommes de terre grelots, coupées en 4

60 ml (¼ tasse) de tapenade d'olives noires

2 tomates, coupées en petits cubes

½ concombre anglais, coupé en petits cubes

1 poivron jaune, coupé en petits cubes

½ petit oignon rouge, coupé en fines lamelles

10 olives de Kalamata, dénoyautées et coupées en 2

60 ml (¼ tasse) de féta légère, coupée en très petits morceaux

15 ml (1 c. à s.) d'huile d'olive

½ citron (jus)

5 ml (1 c. à t.) d'origan séché

PRÉPARATION

Préchauffer le four à 200 °C (400 °F).

Déposer le filet de porc et les quartiers de pommes de terre sur une grande plaque de cuisson avec rebords recouverte de papier parchemin (voir note « À prévoir »).

Verser la tapenade d'olives noires sur le filet de porc et les pommes de terre. Bien les enrober.
Étendre les pommes de terre en une seule couche.
Faire cuire au four pendant 30 minutes ou jusqu'à ce que les pommes de terre soient tendres et que la viande soit cuite adéquatement.

Pendant ce temps, mettre les tomates, le concombre, le poivron jaune, l'oignon, les olives, le fromage féta, l'huile d'olive, le jus de citron et l'origan dans un grand bol. Mélanger.
Laisser reposer le porc 5 minutes à sa sortie du four.
Trancher le porc, le servir avec la salade et les pommes de terre.

À PRÉVOIR

Cuire 320 g de filet de porc de plus pour les lunchs du lendemain (il restera environ 240 g une fois cuit) en ajoutant 30 ml (2 c. à s.) de tapenade supplémentaire.

VARIANTE

Remplacer une des tomates rouges par une tomate jaune et remplacer le poivron jaune par un poivron vert.

NUTRI-NOTE

Les olives et l'huile d'olive sont des sources de bons gras. Elles font partie du régime méditerranéen et sont associées à une bonne santé cardiovasculaire.

BAGEL AU PORC ET ORIGAN

| 4 | 10 min | aucune | non |

INGRÉDIENTS

4 bagels mince de grains entiers

30 ml (2 c. à s.) de yogourt grec nature

30 ml (2 c. à s.) de mayonnaise

2,5 ml (½ c. à t.) d'origan séché

240 g (environ ½ lb) de porc cuit, coupé en lanières

Au goût, feuilles de laitues mélangées

½ concombre anglais, coupé sur la longueur en 4 tranches

½ tomate, coupée en 4 tranches

PRÉPARATION

- Ouvrir chaque bagel mince en deux. Réserver.
- Mélanger le yogourt, la mayonnaise et l'origan dans un petit bol. Tartiner chacun des demi-bagels.
- Répartir le porc et la laitue sur une moitié de bagels. Couvrir de l'autre moitié.
- Au moment de servir, ajouter le concombre et la tomate dans chaque sandwich.

VARIANTE

Remplacer les tomates rouges par des tomates jaunes et ajouter des poivrons rouges rôtis.

NUTRI-NOTE

Les fines herbes permettent de rehausser la saveur de plusieurs plats sans ajouter de sel! Qu'elles soient fraîches ou séchées, on gagne à les intégrer à nos menus.

PAD THAÏ AU TOFU

| 4 | 20 min | 10 min | non |

INGRÉDIENTS

7,5 ml (½ c. à soupe) d'huile de sésame

1 petit oignon, haché finement

2 gousses d'ail, hachées finement

30 ml (2 c. à s.) de gingembre frais, finement haché

5 ml (1 c. à t.) de flocons de piments

1 emballage (454 g) de tofu ferme, coupé en cubes de 2 × 2 cm (environ 1 × 1 po)

500 ml (2 tasses) de pois mange-tout

1 œuf

750 ml (3 tasses) de nouilles de riz à pad thaï, cuites

500 ml (2 tasses) de fèves germées

PRÉPARATION

Préparer la sauce. Réserver.

Dans un wok, faire chauffer l'huile et y faire revenir l'oignon, l'ail, le gingembre et les flocons de piments pendant 3 minutes.

Ajouter le tofu et les pois mange-tout, et poursuivre la cuisson pendant 5 minutes.

Incorporer l'œuf et bien remuer.

Ajouter les nouilles de riz, les fèves germées et la sauce, poursuivre la cuisson pendant 2 minutes.

Au moment de servir, garnir de coriandre, d'arachides, d'oignons verts et d'un quartier de lime.

POUR LA SAUCE

30 ml (2 c. à s.) de
miel liquide

60 ml (¼ de tasse) de
sauce de poisson

45 ml (3 c. à s.) de
sauce soya à teneur
réduite en sodium

1 lime (jus)

30 ml (2 c. à s.) de
vinaigre de riz

7,5 ml (½ c. à s.) d'huile
de sésame grillé

- Mélanger tous les
  ingrédients de la sauce.
- Réserver.

POUR LA GARNITURE

125 ml (½ tasse) de
coriandre fraîche,
hachée grossièrement

60 ml (¼ tasse)
d'arachides entières,
hachées grossièrement

2 oignons verts, coupés
en rondelles minces

2 limes, coupées
en quartiers

NUTRI-NOTE

Saviez-vous que la
plupart des tofus sont
une excellente source de
calcium? Une judicieuse
façon de combler les besoins
de ceux qui n'apprécient
pas particulièrement les
produits laitiers. Cette
recette, par exemple, en
fournit pas moins de 80 %!

TORTILLA AU TOFU

4	**10** min	aucune	oui

INGRÉDIENTS

½ emballage de 454 g de tofu mou égoutté

30 ml (2 c. à s.) de yogourt grec nature

45 ml (3 c. à s.) de mayonnaise

1 gros oignon vert, haché finement

15 ml (1 c. à s.) d'herbes de Provence

7,5 ml (½ c. à s.) de basilic séché

4 grandes tortillas de grains entiers

2 concombres libanais, coupés chacun en 4 bâtonnets

PRÉPARATION

- Écraser le tofu à l'aide d'une fourchette dans un grand bol. Ajouter le yogourt, la mayonnaise, l'oignon vert, les herbes de Provence et le basilic. Mélanger. Répartir et tartiner sur chaque tortilla.
- Répartir le concombre.
- Rouler les tortillas fermement pour retenir la garniture.

VARIANTE

Remplacer le basilic séché par du basilic frais et ajouter des tomates hachées finement.

NUTRI-NOTE

Pour la recette, la moitié d'un emballage de tofu suffit. Le restant se conserve au congélateur jusqu'à 2 mois. Il faut toutefois l'emballer dans une pellicule plastique puis le placer dans un sac de congélation.

LINGUINE AUX CREVETTES

4	**10** min	**15** min	oui

INGRÉDIENTS

240 g de linguine de blé entier

10 ml (2 c. à t.) d'huile d'olive (pour les pâtes)

Au goût, poivre

15 ml (1 c. à s.) d'huile d'olive (pour les crevettes)

520 g de crevettes crues, décortiquées et sans la queue

1 petit oignon rouge, coupé en lamelles

1 contenant (227g) de champignons tranchés

40 mini tomates, coupées en deux

1 L (environ 70 g) de feuilles de bébés épinards

2 petites gousses d'ail, hachées finement

45 ml (3 c. à s.) de tapenade d'olives noires

125 ml (½ tasse) de basilic frais, haché finement, bien tassé

PRÉPARATION

Faire cuire les pâtes selon les instructions sur l'emballage. Égoutter.

Verser 10 ml (2 c. à t.) d'huile d'olive, ajouter du poivre. Bien mélanger. Garder au chaud jusqu'au moment de servir.

Faire chauffer l'huile dans une grande poêle à feu moyen. Ajouter les crevettes et faire cuire 1 à 2 minutes de chaque côté. Retirer de la poêle et garder au chaud.

Dans la même poêle, faire dorer l'oignon et les champignons pendant environ 2 minutes. Ajouter un peu d'huile au besoin.

Ajouter les tomates, les épinards et l'ail. Faire cuire 2 minutes ou jusqu'à ce que les épinards soient tendres et que les tomates soient chaudes.

Ajouter la tapenade et remettre les crevettes dans la poêle. Mélanger.

Servir les crevettes et les légumes sur les pâtes. Garnir de basilic.

VARIANTES

Faire cuire des pâtes de quinoa et remplacer les crevettes par des pétoncles.

NUTRI-NOTE

Nul besoin de s'inquiéter de la teneur en cholestérol des crevettes. Ce sont davantage les gras trans et saturés qui font grimper le taux de cholestérol sanguin.

SEMAINE 5

LISTE D'ÉPICERIE

4 PORTIONS

LÉGUMES

AVOCAT	1
CAROTTES	8
CHAMPIGNONS BLANCS	1 CONTENANT DE **227** g
CONCOMBRE ANGLAIS	1 PETIT
COURGETTE VERTE	1
ÉCHALOTES FRANÇAISES	4
HARICOTS VERTS SURGELÉS	**115** g (**250** ml)
FEUILLES DE LAITUES MÉLANGÉES	1 EMBALLAGE DE **312** g
MACÉDOINE DE PETITS LÉGUMES SURGELÉS	**680** g (**1** L)
MINI TOMATES	24
OIGNONS ROUGES	2 GROS
OIGNONS	2
OIGNONS VERTS	2
PATATE DOUCE	1 PETITE
POIVRON JAUNE	1
POIVRON ROUGE	1
TOMATE	1
TOMATES SÉCHÉES	4

FRUITS

CITRON	1
LIME	1 PETITE

À AVOIR AU FRIGO, AU GARDE-MANGER OU AU JARDIN

ANETH FRAIS	**7** g (**170** ml)
BASILIC FRAIS	**25** g (**250** ml)
BOUILLON DE LÉGUMES À TENEUR RÉDUITE EN SODIUM	**2,45** L
CORIANDRE FRAÎCHE	1 BOUQUET
MENTHE FRAÎCHE	**7** g (**15** ml)
PERSIL FRAIS	**32** g (**125** ml)

PRODUITS CÉRÉALIERS

BAGELS MINCES DE GRAINS ENTIERS	4
CRAQUELINS DE GRAINS ENTIERS	1 EMBALLAGE DE **200** g
GRANDES TORTILLAS DE GRAINS ENTIERS	7
GRANDS PITAS DE GRAINS ENTIERS	2
PAINS MINCES DE GRAINS ENTIERS	4
PENNES DE GRAINS ENTIERS	**175** g (**500** ml)
QUINOA	**160** ml

LAIT ET SUBSTITUTS

FROMAGE MOZZARELLA ALLÉGÉ	**125** g (**250** ml - RÂPÉ)
LAIT ÉVAPORÉ À **2** % DE M.G.	**3** BOÎTES DE **354** ml
YOGOURT GREC NATURE	**135** g

VIANDES ET SUBSTITUTS

FILET DE PORC	**800** g
LENTILLES ROUGES SÈCHES	**610** g (**750** ml)
PETITS HARICOTS NOIRS (EN CONSERVE) SANS SEL AJOUTÉ	1 BOÎTE DE **540** ml
POITRINES DE POULET	**800** g
SANS-VIANDE HACHÉ ORIGINAL	1 EMBALLAGE DE **340** g
SAUMON FRAIS AVEC PEAU	**960** g
TOFU SOYEUX EXTRA FERME DE TYPE SUNRISE	**350** g
VÉGÉPÂTÉ	1 EMBALLAGE D'ENVIRON **230** g

MENUS

	LUNDI	MARDI	MERCREDI	JEUDI	VENDREDI
DÉJEUNER	PAIN DORÉ AUX FRUITS	GRUAU DU LENDEMAIN	RÔTIE DE GRAINS ENTIERS ET BEURRE D'ARACHIDE	CÉRÉALES DE GRAINS ENTIERS AVEC LAIT	BURRITO-MINUTE (p. 34)
	NOIX (AU CHOIX)	GARNITURE: FRUITS SÉCHÉS ET NOIX HACHÉES (AU CHOIX)	PETITS FRUITS (AU CHOIX)	FRUIT FRAIS (AU CHOIX)	COMPOTE DE FRUITS, SANS SUCRE AJOUTÉ
	LAIT		LAIT	NOIX (AU CHOIX)	LAIT
COLLATION	*YOGOURT*	*FRUIT FRAIS (AU CHOIX)*	*FÈVES DE SOYA RÔTIES*	*BOULE D'ÉNERGIE AU BEURRE DE SOYA (p. 200)*	*POUDING AU RIZ OU AU TAPIOCA*
		BOISSON DE SOYA ENRICHIE	*CRUDITÉS (AU CHOIX)*	*YOGOURT*	
DÎNER	PITA TOFU-CARI	BAGEL SAUMON-ANETH	TORTILLA PORC-CONCOMBRE	SANDWICH POULET-TOMATES SÉCHÉES	SOUPE EN THERMOS
	MINI TOMATES	POIVRON JAUNE, EN LANIÈRES	CAROTTE, EN BÂTONNETS	CONCOMBRE ANGLAIS, COUPÉ EN RONDELLES	COURGETTE VERTE, EN RONDELLES
	POIVRON JAUNE, EN LANIÈRES	COURGETTE VERTE, EN RONDELLES	1 PETIT JUS DE LÉGUMES À TENEUR RÉDUITE EN SODIUM (**156** ml)	BOISSON DE SOYA ENRICHIE	CRAQUELINS DE GRAINS ENTIERS ET HUMMUS
	PETITS FRUITS (AU CHOIX)	COMPOTE DE FRUITS, SANS SUCRE AJOUTÉ	COMPOTE DE FRUITS, SANS SUCRE AJOUTÉ	FRUIT FRAIS (AU CHOIX)	FRUIT FRAIS (AU CHOIX)
COLLATION	*CRAQUELINS DE GRAINS ENTIERS*	*BOULE D'ÉNERGIE AU BEURRE DE SOYA (p. 200)*	*FROMAGE COTTAGE*	*CRUDITÉS (AU CHOIX)*	*CRUDITÉS (AU CHOIX)*
	FROMAGE COTTAGE	*YOGOURT*	*FRUIT FRAIS (AU CHOIX)*	*HUMMUS*	*ŒUF CUIT DUR*
					TREMPETTE AU YOGOURT
SOUPER	SAUMON ET QUINOA	FILET DE PORC AUX LÉGUMES RACINES	PÂTES AU POULET ET AU BASILIC	SOUPE-REPAS AUX LENTILLES ROUGES	ÉTAGÉ À LA MEXICAINE ET SALADE VERTE
	COMPOTE DE FRUITS, SANS SUCRE AJOUTÉ, AVEC DU GRANOLA	MORCEAUX DE FRUITS FRAIS (AU CHOIX)	YOGOURT	MORCEAUX DE FRUITS FRAIS (AU CHOIX), AVEC UN FILET DE CHOCOLAT NOIR FONDU	SALADE DE FRUITS FRAIS

PITA TOFU-CARI

4	10 min	aucune	non

INGRÉDIENTS

30 ml (2 c. à s.) de yogourt grec nature

30 ml (2 c. à s.) de mayonnaise

5 ml (1 c. à t.) de cari en poudre

Au goût, sel

1 emballage (350 g) de tofu soyeux extra ferme de type Sunrise

2 grands pitas de grains entiers

Au goût, feuilles de laitues mélangées

Au goût, feuilles de coriandre fraîche

PRÉPARATION

- Mettre le yogourt, la mayonnaise, le cari et le sel dans un grand bol. Mélanger. Réserver.
- Passer le tofu sous l'eau fraîche. Bien l'éponger à l'aide de papier absorbant. Couper le tofu en petits cubes de 1 cm (environ ½ po). Les ajouter au mélange de yogourt et de mayonnaise. Mélanger délicatement.
- Couper chaque pita en deux, ouvrir et garnir chaque moitié du mélange de tofu.
- Répartir la laitue et la coriandre.

VARIANTE

Remplacer les cubes de tofu par des lanières de poitrines de poulet déjà cuites.

NUTRI-NOTE

Le cari donne une nouvelle allure au tofu ; de quoi convaincre les plus récalcitrants !

SAUMON ET QUINOA

4	10 min	15 min	oui

INGRÉDIENTS

PRÉPARATION

Préchauffer le four à 230 °C (450 °F).

160 ml (⅔ tasse) de quinoa	Rincer à l'eau froide le quinoa à l'aide d'un tamis.
325 ml (1⅓ tasse) de bouillon de légumes à teneur réduite en sodium	Dans une grande casserole, mettre le quinoa et le bouillon. Amener à ébullition, avant de baisser à feu doux et de cuire pendant 12 à 15 minutes ou jusqu'à ce que le liquide soit absorbé.
1 citron (zeste et jus)	Ajouter le zeste de la moitié du citron. Mélanger. Réserver.
480 g (environ 1 lb) de saumon frais avec la peau	Pendant ce temps, tapisser une plaque de cuisson d'une feuille de papier parchemin et y déposer le poisson, côté peau vers le bas (voir note « À prévoir »).
10 ml (2 c. à t.) d'huile d'olive	L'enduire d'huile, et ajouter sur le dessus la poudre d'ail, le jus de citron, le zeste restant et la moitié de l'aneth frais. Cuire au four 15 minutes, ou jusqu'à ce que la chair du poisson se détache facilement à la fourchette.
15 ml (1 c. à s.) de poudre d'ail	
125 ml (½ tasse) d'aneth frais, haché	
1 L (4 tasses) de macédoine de petits légumes surgelée	En parallèle, faire cuire la macédoine de petits légumes à la vapeur.

Servir le poisson accompagné des légumes et du quinoa. Garnir de l'aneth frais restant.

À PRÉVOIR

Cuire 480 g de poisson de plus pour les lunchs du lendemain (il en restera environ 320 g une fois cuit).

VARIANTE

Remplacer le saumon par de la truite.

NUTRI-NOTE

Saviez-vous que les légumes surgelés ont les mêmes qualités nutritionnelles que les légumes frais ? Leur surgélation rapide tout juste après la récolte leur permet de conserver un maximum de vitamines et de minéraux. Comme ils se conservent plus longtemps, ils sont parfaits pour dépanner lorsque vient le temps d'ajouter des légumes à nos recettes.

BAGEL SAUMON-ANETH

| 4 | **10** min | aucune | non |

INGRÉDIENTS

4 bagels minces de grains entiers

45 ml (3 c. à s.) de yogourt grec nature

15 ml (1 c. à s.) de mayonnaise

45 ml (3 c. à s.) d'aneth frais, haché

320 g (environ ¾ lb) de filets de saumon cuits

Au goût, sel et poivre

Au goût, feuilles de laitues mélangées

PRÉPARATION

Ouvrir chaque bagel mince en deux. Réserver.

Mélanger le yogourt, la mayonnaise, l'aneth, le saumon, le sel et le poivre dans un bol.

Répartir ce mélange et la laitue sur une moitié de bagel. Couvrir de l'autre moitié.

VARIANTE

Remplacer les bagels par des pains minces à grains entiers ou des tortillas de grains entiers.

NUTRI-NOTE

On apprécie les lunchs rapides et pas compliqués. En utilisant les restants de saumon et d'aneth de la veille, on a un lunch complet et rassasiant en un tour de main. Ce sandwich est une excellente source de protéines : de quoi nous soutenir et nous donner de l'énergie tout l'après-midi !

FILET DE PORC AUX LÉGUMES RACINES

4	20 min	30 min	oui

INGRÉDIENTS

7,5 ml (½ c. à s.) d'huile d'olive

480 g (environ 1 lb) de filet de porc, coupé en lanières

45 ml (3 c. à s.) de vinaigre balsamique

30 ml (2 c. à s.) de moutarde de Dijon

15 ml (1 c. à s.) de miel liquide

1 gros oignon rouge, coupé en fines lamelles

625 ml (2 ½ tasses) de bouillon de légumes à teneur réduite en sodium

250 ml (1 tasse) de riz basmati

2 grosses gousses d'ail, hachées finement

4 carottes coupées en deux dans le sens de la longueur, puis tranchées en cubes de ½ cm (¼ po) d'épaisseur

1 petite patate douce, coupée en petits cubes

5 ml (1 c. à t.) d'estragon séché

125 ml (½ tasse) de persil frais, haché grossièrement

250 ml (1 tasse) de haricots verts, surgelés

Au goût, sel et poivre

PRÉPARATION

Dans une casserole, faire chauffer l'huile.

Ajouter les lanières de porc (voir note « À prévoir »). Faire sauter la viande tout juste pour la dorer, ne pas faire trop cuire.

Ajouter le vinaigre, la moutarde et le miel. Mélanger pour bien enrober le porc.

Ajouter l'oignon et cuire 2 minutes.

Ajouter le bouillon, le riz, l'ail, les carottes, la patate douce, l'estragon, la moitié du persil frais, le sel et le poivre. Amener à ébullition. Baisser le feu, couvrir et laisser mijoter pendant 15 minutes.

Ajouter les haricots verts et faire cuire 5 minutes de plus ou jusqu'à ce que le riz et les légumes soient tendres.

Servir avec le persil restant.

À PRÉVOIR

Cuire 320 g de filet de porc coupé en lanières de plus pour les lunchs du lendemain (il restera environ 240 g une fois cuit). Il faudra ajuster le sel et le poivre. Si nécessaire ajouter 5 ml (1 c. à t.) d'huile d'olive supplémentaire pour la cuisson.

VARIANTES

Remplacer le porc par des lanières de poitrines de poulet ou du tofu en bâtonnets. Remplacer les haricots verts par du maïs.

NUTRI-NOTE

On aime la patate douce pour sa teneur élevée en vitamine A, en vitamine B6, en cuivre et en manganèse. On peut même en consommer la pelure, question d'augmenter son apport en fibres.

TORTILLA PORC-CONCOMBRE

4	15 min	aucune	non

INGRÉDIENTS

30 ml (2 c. à s.) de yogourt grec nature

30 ml (2 c. à s.) de mayonnaise

1 petite gousse d'ail, hachée finement

15 ml (1 c. à s.) de feuilles de menthe fraîche, hachées finement

Au goût, sel et poivre

4 grandes tortillas de grains entiers

240 g (environ ½ lb) de lanières de porc cuites

½ concombre anglais, coupé en 4 dans le sens de la longueur

Au goût, feuilles de laitues mélangées

PRÉPARATION

• Mélanger le yogourt, la mayonnaise, l'ail, la menthe, le sel et le poivre dans un bol. Répartir et tartiner sur chaque tortilla.

• Répartir le porc, le concombre et la laitue.

• Rouler les tortillas fermement pour retenir la garniture.

VARIANTE

Remplacer le porc par des lanières de poitrines de poulet cuites ou par des bâtonnets de tofu extra-ferme.

NUTRI-NOTE

On invite la Grèce dans son assiette avec ce wrap inspiré de la sauce tzatziki ! Ce sandwich est une excellente source de fer, car il comble le quart des besoins quotidiens, en plus d'apporter des protéines.

PÂTES AU POULET ET AU BASILIC

4	15 min	30 min	oui

INGRÉDIENTS

PRÉPARATION

10 ml (2 c. à t.) d'huile d'olive — Dans la même casserole, faire chauffer l'huile.

480 g (environ 1 lb) de poitrines de poulet, coupées en lanières — Ajouter les lanières de poulet (voir note « À prévoir »). Faire sauter la volaille tout juste pour la dorer, ne pas faire trop cuire.

4 échalotes françaises, hachées finement

1 poivron jaune, coupé en lanières — Ajouter les échalotes et le poivron jaune. Faire sauter environ 2 minutes.

1 emballage (227 g) de champignons blancs, coupés en quartiers — Ajouter les champignons et l'ail, et poursuivre la cuisson environ 2 minutes.

2 grosses gousses d'ail, hachées finement

500 ml (2 tasses) de pâtes de grains entiers courtes qui se cuisent rapidement (ex. : pennes)

2 boîtes (354 ml chacune) de lait évaporé à 2 % de M.G.

10 ml (2 c. à t.) d'origan séché

Au goût, sel et poivre — Ajouter les pâtes, le lait, l'origan, le sel et le poivre. Mélanger. Amener à ébullition, baisser à feu moyen et laisser mijoter pendant 10 à 15 minutes ou jusqu'à ce que les pâtes soient tendres, en brassant régulièrement.

1 courgette verte, coupée en gros cubes

24 mini tomates, coupées en deux — Ajouter la courgette, les tomates, et la moitié du basilic. Mélanger délicatement et cuire 2 minutes ou jusqu'à ce que la courgette et les tomates soient chaudes.

125 ml (½ tasse) de basilic frais, haché grossièrement — Servir avec le basilic restant.

À PRÉVOIR

Cuire 320 g de poitrine de poulet coupées en lanières de plus pour les lunchs du lendemain (il restera environ 240 g une fois cuit). Il faudra ajuster le sel et le poivre. Si nécessaire ajouter 5 ml (1 c. à t.) d'huile de canola supplémentaire pour la cuisson.

VARIANTES

Remplacer les lanières de poulet par des cubes de tofu extra-ferme. Remplacer les mini tomates par deux grosses tomates coupées en cubes.

NUTRI-NOTE

Un plat réconfortant qui plaira à toute la famille. Riche en fibres et calcium, cette recette marie plaisir et santé.

SANDWICH POULET-TOMATES SÉCHÉES

| 4 | **10** min | aucune | non |

INGRÉDIENTS

4 pains minces de grains entiers

30 ml (2 c. à s.) de yogourt grec nature

30 ml (2 c. à s.) de mayonnaise

4 tomates séchées, coupées très finement

125 ml (½ tasse) de basilic frais, haché finement

Au goût, sel et poivre

240 g (environ ½ lb) de lanières de poulet cuites

Au goût, feuilles de laitues mélangées

PRÉPARATION

Ouvrir chaque pain mince en deux. Réserver.

Mélanger le yogourt, la mayonnaise, les tomates séchées, le basilic, le sel et le poivre dans un petit bol. Répartir et tartiner sur les pains.

Répartir le poulet et la laitue sur une des moitiés de chaque pain mince. Couvrir de l'autre moitié.

VARIANTES

Remplacer les tomates séchées par des tomates italiennes fraîches. Ajouter des rondelles de concombre.

NUTRI-NOTE

Les lanières de poulet déjà cuites du commerce sont un très bon dépanneur lorsque l'on n'a pas de restants de la veille. Ils permettent de confectionner sandwichs et salades qui seront riches en protéines et faibles en gras. Assurez-vous de les choisir nature et à faible teneur en sodium.

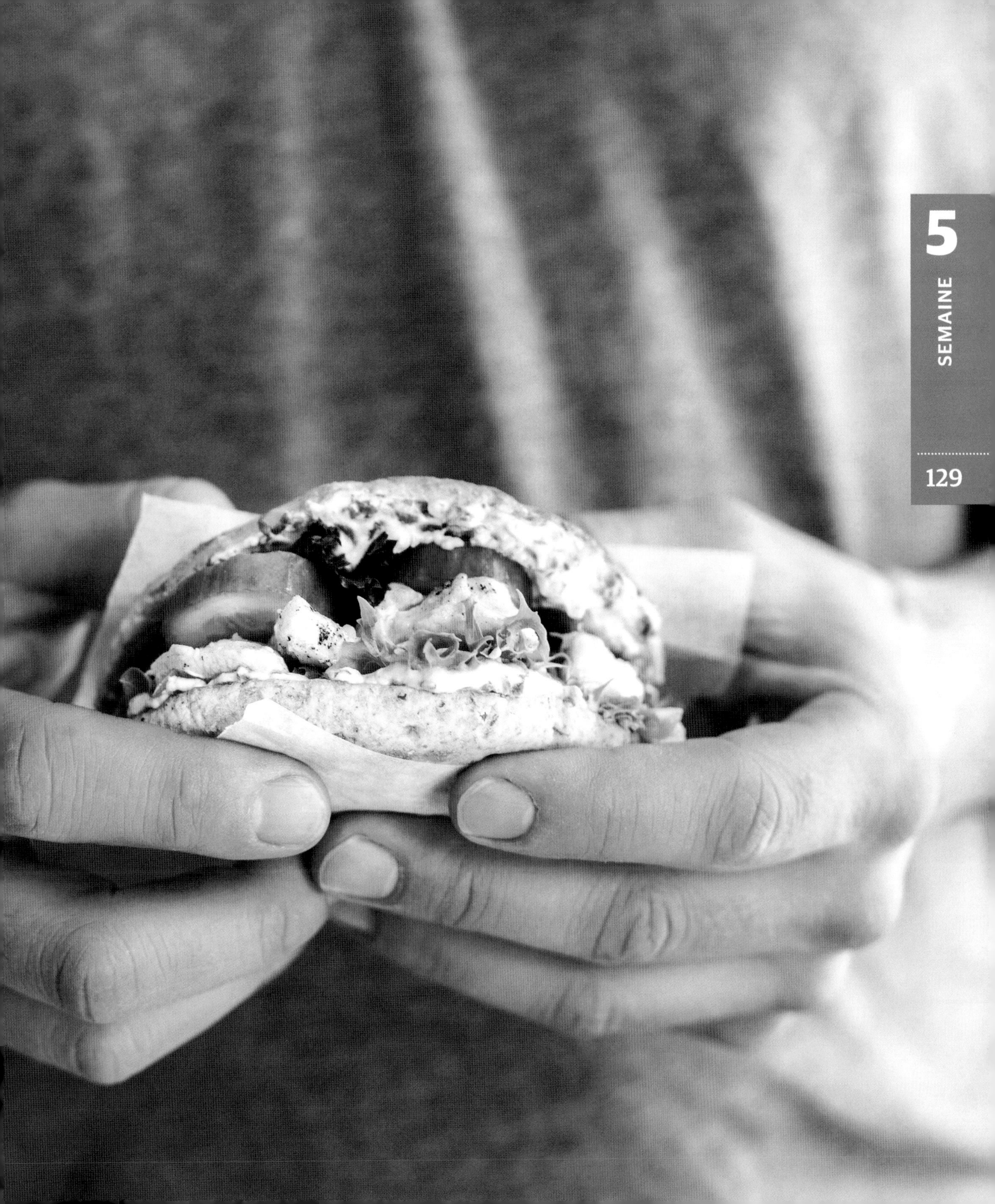

SOUPE-REPAS AUX LENTILLES ROUGES

| 8 | 10 min | 20 min | oui |

INGRÉDIENTS

20 ml (4 c. à t.) d'huile de canola

2 oignons, émincés

10 ml (2 c. à t.) de cumin moulu

10 ml (2 c. à t.) de cari en poudre

5 ml (1 c. à t.) de curcuma moulu

2 pincées de cardamome moulue

750 ml (3 tasses) de lentilles rouges

1 boîte (354 ml) de lait évaporé à 2 % de M.G.

1,5 L (6 tasses) de bouillon de légumes à teneur réduite en sodium

5 ml (1 c. à t.) de safran

Au goût, sel et poivre

125 ml (½ tasse) de coriandre fraîche, hachée

PRÉPARATION

Faire chauffer l'huile dans une grande casserole.

Cuire les oignons pendant 3 minutes.

Ajouter les épices et poursuivre la cuisson 1 minute en remuant constamment.

Ajouter les lentilles, le lait évaporé, le bouillon et le safran. Porter à ébullition. Réduire le feu, couvrir et laisser mijoter pendant 10 minutes ou jusqu'à ce que les lentilles soient tendres. Dans le récipient du mélangeur ou à l'aide d'un mélangeur à main, broyer jusqu'à ce que la soupe devienne lisse. Ajouter un peu de bouillon au besoin pour obtenir la consistance désirée.

Saler et poivrer au goût.

Au moment de servir, garnir la soupe de coriandre fraîche.

VARIANTES

Remplacer les lentilles par des haricots blancs en conserve. Remplacer le lait évaporé par du lait de coco allégé.

*À NOTER : La quantité de soupe est déjà doublée pour les lunchs du lendemain. Si vous ne la consommez pas entièrement, elle peut se conserver au congélateur de 2 à 3 mois.

La coriandre fraîche se conserve au congélateur, mais sa texture changera.

NUTRI-NOTE

Les légumineuses, par exemple les lentilles, sont une bonne source de fer. La preuve : une portion de cette recette fournit la moitié des besoins quotidiens en fer ! Pour un repas complet, servir cette soupe accompagnée de crudités ou d'une salade verte.

SOUPE EN THERMOS

4	10 min	5 min	oui

INGRÉDIENTS

1 recette de soupe supplémentaire (environ 1 litre de soupe)

PRÉPARATION

- Faire bouillir au moins 1 litre d'eau dans une casserole.
- Répartir l'eau dans chacun des thermos.
- Fermer hermétiquement chacun des thermos.
- Laisser l'eau bouillante dans les thermos au moins 10 minutes.
- Pendant ce temps, mettre la soupe dans une casserole et la faire chauffer. Ajouter un peu de bouillon si nécessaire.
- Vider l'eau de chacun des thermos.
- Remplir chaque thermos de la soupe bien chaude.

NUTRI-NOTE

On peut faire la fiesta tout en mangeant un souper nutritif! L'avocat, qui est théoriquement un fruit, vient donner un petit côté crémeux à la salade d'accompagnement et il est une mine d'or de bons gras mono-insaturés. Petit truc pratique: on peut maintenant acheter des cubes d'avocat surgelés dans la plupart des épiceries.

ÉTAGÉ À LA MEXICAINE ET SALADE VERTE

4	15 min	20 min	oui

INGRÉDIENTS

7,5 ml (½ c. à s.) d'huile de canola

1 gros oignon rouge, haché finement

1 poivron rouge, haché finement

2,5 ml (½ c. à t.) de chaque épice : cumin moulu et paprika

1 emballage (340 g) de « sans-viande haché » (goût original)

2 petites gousses d'ail, hachées finement

1 boîte (540 ml) de petits haricots noirs, sans sel ajouté, rincés et égouttés

1 tomate, coupée en petits cubes

15 ml (1 c. à s.) de poudre de chili

125 ml (½ tasse) de coriandre fraîche, hachée grossièrement

Au goût, sel et poivre

3 grandes tortillas de grains entiers

250 ml (1 tasse) de mozzarella légère, râpée

1 L (4 tasses) de feuilles de laitues mélangées

2 oignons verts, hachés finement

1 avocat, coupé en petits cubes

PRÉPARATION

Préchauffer le four à 200 °C (400 °F).

Faire chauffer l'huile dans une grande poêle.

Ajouter l'oignon et faire cuire 2 minutes.

Ajouter le poivron et poursuivre la cuisson 2 minutes de plus.

Ajouter le cumin, le paprika et le « sans-viande haché ». Le défaire en très petits morceaux avec une fourchette. Mélanger.

Ajouter l'ail, les haricots noirs, la tomate, la poudre de chili, la moitié de la coriandre, le sel et le poivre. Mélanger.

Dans un plat circulaire profond allant au four (par exemple un moule à gâteau à charnière), déposer d'abord une tortilla. Mettre le tiers du mélange de « sans-viande haché », puis un tiers du fromage. Répéter cette opération dans cet ordre en superposant les tortillas, la mixture et le fromage restant.

Cuire au four 15 minutes ou jusqu'à ce que le fromage soit fondu et que le mets soit chaud.

Pendant ce temps, préparer la vinaigrette.

Dans un grand bol, mettre les feuilles de laitues mélangées, les oignons verts et l'avocat. Ajouter la vinaigrette et mélanger délicatement.

POUR LA VINAIGRETTE

15ml (1 c. à s.)
d'huile d'olive

½ lime (jus)

2,5ml (½ c. à t.)
de paprika

Au goût, sel et poivre

- Mélanger l'huile, le
  jus de lime, le paprika,
  le sel et le poivre
  dans un petit bol.
- Fouetter.
- Réserver.

VARIANTES

Pour gagner du temps, on
peut remplacer le «sans-
viande haché» (saveur
originale) par celui à la
mexicaine et omettre les
épices. On peut également
remplacer la mozzarella par
un mélange de fromages
déjà râpés à saveur tex-mex.

SEMAINE 6

LISTE D'ÉPICERIE

4 PORTIONS

LÉGUMES

BROCOLI	500 g DE BOUQUETS SURGELÉS OU 1 BROCOLI FRAIS
CAROTTES	4
KALE	70 g (500 ml)
CHOU-FLEUR	1 PETIT
HARICOTS VERTS SURGELÉS	465 g (1 L)
FEUILLES DE LAITUES MÉLANGÉES	1 EMBALLAGE DE 312 g
MAÏS EN GRAINS SURGELÉ	180 g (250 ml)
OIGNONS	4
OIGNON ROUGE	1 PETIT
OIGNONS VERTS	2
POIVRONS ROUGES RÔTIS EN POT	60 ml
POIVRONS ROUGES	3
POMMES DE TERRE GRELOTS	454 g
TOMATES	4
TOMATES EN DÉS (EN CONSERVE) SANS SEL AJOUTÉ	1 BOÎTE DE 540 ml

FRUITS

CITRON	1 PETIT
LIME	1

PRODUITS CÉRÉALIERS

CRAQUELINS DE GRAINS ENTIERS	1 EMBALLAGE DE 200 g
GRANDES TORTILLAS DE GRAINS ENTIERS	8
NOUILLES ASIATIQUES DE TYPE UDON	200 g
PAINS NAAN	2
PAINS MINCES DE GRAINS ENTIERS	8

LAIT ET SUBSTITUTS

LAIT ÉVAPORÉ À 2 % DE M.G.	1 BOÎTE DE 354 ml
YOGOURT GREC NATURE	370 g

VIANDES ET SUBSTITUTS

BEURRE DE NOIX DE CAJOU	16 g (15 ml)
CREVETTES CRUES DÉCORTIQUÉES ET DÉVEINÉES	680 g
FILET DE PORC	800 g
HARICOTS ROUGES (EN CONSERVE) SANS SEL AJOUTÉ	2 BOÎTES DE 540 ml
ŒUFS	8
POIS CHICHES (EN CONSERVE) SANS SEL AJOUTÉ	1 BOÎTE DE 540 ml
POITRINES DE POULET	520 g
SAUMON FRAIS AVEC LA PEAU	960 g
VÉGÉPÂTÉ	UN EMBALLAGE D'ENVIRON 230 g

À AVOIR AU FRIGO, AU GARDE-MANGER OU AU JARDIN

BOUILLON DE LÉGUMES À TENEUR RÉDUITE EN SODIUM	2,5 L
CORIANDRE FRAÎCHE	8 g (120 ml)
GINGEMBRE FRAIS	1 PETITE RACINE
PERSIL FRAIS	32 g (125 ml)
PESTO DE TOMATES	15 g (15 ml)

MENUS

		LUNDI	MARDI	MERCREDI	JEUDI	VENDREDI
DÉJEUNER		MUFFIN ANGLAIS AVEC BEURRE D'ARACHIDE	GRUAU NATURE PRÉPARÉ AVEC DU LAIT	PARFAIT AU YOGOURT (YOGOURT, GRANOLA ET FRUITS FRAIS)	*GRILLED-CHEESE* (p. 34)	CÉRÉALES DE GRAINS ENTIERS AVEC LAIT
		LAIT	GARNITURE: FRUITS SÉCHÉS ET NOIX HACHÉES (AU CHOIX)		COMPOTE DE FRUITS, SANS SUCRE AJOUTÉ	FRUIT FRAIS (AU CHOIX)
		FRUIT FRAIS (AU CHOIX)				NOIX (AU CHOIX)
COLLATION		*COMPOTE DE FRUITS, SANS SUCRE AJOUTÉ*	*BOISSON DE SOYA ENRICHIE*	*BARRES TENDRES MAISON OU DU COMMERCE (MAX. 8g DE SUCRE, MIN. 4g DE PROTÉINES)*	*GRAINES DE CITROUILLE*	*COMPOTE DE FRUITS, SANS SUCRE AJOUTÉ*
		FÈVES DE SOYA RÔTIES	*FRUIT FRAIS (AU CHOIX)*		*FRUIT FRAIS (AU CHOIX)*	*FÈVES DE SOYA RÔTIES*
DÎNER		PAIN MINCE AUX ŒUFS	PAIN MINCE AU SAUMON	TORTILLA POULET-CARDAMOME	TORTILLA PORC-PAPRIKA FUMÉ	SOUPE EN THERMOS
		CHOU-FLEUR, EN BOUQUETS	TRANCHES DE TOMATE	CAROTTE, EN BÂTONNETS	POIVRON ROUGE, EN LANIÈRES	CRAQUELINS DE GRAINS ENTIERS ET HUMMUS
		1 PETIT JUS DE LÉGUMES À TENEUR RÉDUITE EN SODIUM (**156** ml)	POUDING AU RIZ OU AU TAPIOCA	**1** PETIT JUS DE LÉGUMES À TENEUR RÉDUITE EN SODIUM (**156** ml)	BOISSON DE SOYA ENRICHIE	CHOU-FLEUR, EN BOUQUETS
		PETITS FRUITS (AU CHOIX)		COMPOTE DE FRUITS, SANS SUCRE AJOUTÉ	YOGOURT	FRUIT FRAIS (AU CHOIX)
COLLATION		*YOGOURT, AVEC DE LA NOIX DE COCO RÂPÉE NON SUCRÉE*	*CRAQUELINS DE GRAINS ENTIERS*	*SALADE DE FRUITS FRAIS*	*CRUDITÉS (AU CHOIX)*	*YOGOURT*
			CRUDITÉS (AU CHOIX)	*BOISSON DE SOYA ENRICHIE*	*ŒUF CUIT DUR*	*GRAINES DE CHANVRE*
			HUMMUS			
SOUPER		SAUMON ASIATIQUE	POULET STYLE TIKKA MASALA	PORC CHIPOTLE	SOUPE-REPAS AUX HARICOTS ROUGES	CREVETTES À LA CAJUN
		SALADE DE FRUITS FRAIS	COMPOTE DE FRUITS, SANS SUCRE AJOUTÉ, AVEC DU GRANOLA	MORCEAUX DE FRUITS FRAIS SAUPOUDRÉS DE CANNELLE	MORCEAUX DE FRUITS FRAIS (AU CHOIX) ENROBÉS DE YOGOURT ET SAUPOUDRÉS DE GRANOLA	MORCEAUX DE FRUITS FRAIS (AU CHOIX), AVEC UN FILET DE CHOCOLAT NOIR FONDU
						LAIT

PAIN MINCE AUX ŒUFS

4	10 min	15 min	non

INGRÉDIENTS

4 pains minces de grains entiers

8 gros œufs

30 ml (2 c. à s.) de yogourt grec nature

30 ml (2 c. à s.) de mayonnaise

10 ml (2 c. à t.) de moutarde à l'ancienne

2 oignons verts, hachés finement

125 ml (½ tasse) de persil frais, haché finement

Au goût, sel et poivre

Au goût, feuilles de laitues mélangées

PRÉPARATION

- Ouvrir chaque pain mince en deux. Réserver.
- Faire cuire les œufs 10 minutes dans de l'eau bouillante à découvert.
- Écraser les œufs à l'aide d'une fourchette ou d'un pilon à pommes de terre dans un grand bol. Ajouter le yogourt, la mayonnaise, la moutarde, les oignons verts, le persil, le sel et le poivre. Bien mélanger.
- Répartir la garniture aux œufs et la laitue sur une des moitiés de chaque pain mince. Couvrir de l'autre moitié.

VARIANTE

Remplacer les feuilles de laitues par des pousses de radis, de tournesol ou par vos pousses favorites.

NUTRI-NOTE

Les fines herbes fraîches permettent d'ajouter de la saveur et d'augmenter la valeur nutritive des recettes. Elles apportent des vitamines et des antioxydants, et ajoutent beaucoup de fraîcheur !

SAUMON ASIATIQUE

4	10 min	20 min	oui

INGRÉDIENTS PRÉPARATION

Préparer la sauce.

200 g de nouilles asiatiques de type udon — Faire cuire les pâtes selon les instructions sur l'emballage. Égoutter. Réserver.

500 g de bouquets de brocoli surgelé (ou 1 brocoli frais) — Faire cuire le brocoli à la vapeur. Réserver.

7,5 ml (½ c. à s.) d'huile de sésame grillé

480 g (environ 1 lb) de saumon frais avec la peau — Dans une grande poêle, faire chauffer l'huile. Faire cuire le saumon 3 minutes de chaque côté ou jusqu'à ce qu'il soit doré et que la chair se détache facilement à la fourchette (voir note « À prévoir »). Retirer et réserver au chaud. Si vous préparez le surplus de saumon pour les lunchs du lendemain, pensez à retirer cette quantité et à la mettre au réfrigérateur dans un contenant fermé.

Dans la même poêle, verser la sauce. Porter à ébullition. Laisser mijoter quelques secondes et retirer du feu lorsque la sauce est juste assez sirupeuse.

20 ml (4 c. à t.) de graines de sésame grillées — Servir le poisson sur les nouilles avec les légumes en accompagnement. Napper d'un peu de sauce et saupoudrer de graines de sésame.

À PRÉVOIR

Cuire 480 g de poisson de plus pour les lunchs du lendemain, il en restera environ 320 g une fois cuit.

POUR LA SAUCE

60 ml (¼ tasse) de miel liquide

60 ml (¼ tasse) de sauce soya à teneur réduite en sel

45 ml (3 c. à s.) de vinaigre de riz

15 ml (1 c. à s.) d'eau

5 ml (1 c. à t.) de sambal oelek

30 ml (2 c. à s.) de gingembre frais, haché finement

1 gousse d'ail, hachée finement

10 ml (2 c. à t.) de fécule de maïs

- Dans un bol, mettre le miel, la sauce soya, le vinaigre de riz, l'eau, le sambal oelek, le gingembre, l'ail et la fécule de maïs.
- Mélanger.
- Réserver.

VARIANTE

Remplacer le saumon par de la truite.

NUTRI-NOTE

Le brocoli est de plus en plus apprécié des enfants. Ce légume vert est riche en vitamine C et en composantes antioxydantes. Sa consommation régulière est associée à la réduction du risque de plusieurs maladies !

PAIN MINCE AU SAUMON

4	10 min	aucune	non

INGRÉDIENTS

4 pains minces de grains entiers

320 g (environ ¾ lb) de filets cuits de saumon

30 ml (2 c. à s.) de yogourt grec nature

30 ml (2 c. à s.) de mayonnaise

5 ml (1 c. à t.) de gingembre moulu

5 ml (1 c. à t.) de sambal oelek

½ petit citron (jus)

Au goût, sel et poivre

Au goût, feuilles de laitues mélangées

PRÉPARATION

- Ouvrir chaque pain mince en deux. Réserver.
- Mélanger le saumon, le yogourt, la mayonnaise, le gingembre, le sambal oelek, le jus de citron, le sel et le poivre dans un bol.
- Répartir la garniture au saumon et la laitue sur une des moitiés de chaque pain mince. Couvrir de l'autre moitié.

VARIANTE

Remplacer le saumon frais cuit par du saumon en conserve.

NUTRI-NOTE

Le poisson n'est pas toujours apprécié des enfants, pourtant il regorge d'éléments nutritifs et ses bons gras oméga-3 offrent plusieurs vertus salutaires.

POULET STYLE TIKKA MASALA

4	10 min	30 min	oui

INGRÉDIENTS

5 ml (1 c. à t.) d'huile d'olive

200 g (environ ½ lb) de poitrine de poulet coupée en cubes

5 ml (1 c. à t.) d'huile d'olive (si nécessaire)

1 petit oignon, haché finement

1 grosse gousse d'ail, hachée finement

15 ml (1 c. à s.) de gingembre frais, haché finement

5 ml (1 c. à t.) de chaque épice : garam masala, cumin moulu, cardamome moulue et paprika

4 tomates coupées, épépinées et coupées en dés

1 boîte (540 ml) de pois chiches, sans sel ajouté, rincés et égouttés

15 ml (1 c. à s.) de beurre de noix de cajou

250 ml (1 tasse) de yogourt grec nature

30 ml (2 c. à s.) de pâte de cari douce

Au goût, sel et poivre

PRÉPARATION

Dans une casserole, faire chauffer l'huile.

Faire tout juste dorer les cubes de poulet. Retirer le poulet de la casserole. Réserver (voir note « À prévoir »).

Faire dorer l'oignon environ 2 minutes dans la même casserole, en ajoutant 5 ml (1 c. à t.) d'huile si nécessaire.

Ajouter l'ail, le gingembre et les épices, et faire chauffer 1 minute en remuant constamment. Remettre le poulet dans la casserole.

Ajouter les tomates, les pois chiches, le beurre de noix de cajou, le yogourt grec, la pâte de cari douce, le sel et le poivre. Amener à ébullition.

Baisser le feu, couvrir et laisser mijoter 20 minutes.

1 L (4 tasses) de haricots verts surgelés	Faire cuire les haricots verts à la vapeur.
2 pains naans coupés en pointes	Servir le mets avec les haricots verts et les pointes de pain naan.
60 ml (¼ tasse) de coriandre fraîche, hachée	Garnir de coriandre.

À PRÉVOIR

Cuire 320 g de poitrine de poulet coupées en lanières de plus pour les lunchs du lendemain (il restera environ 240 g une fois cuit). Il faudra ajuster le sel et le poivre. Si nécessaire ajouter 5 ml (1 c. à t.) d'huile d'olive supplémentaire pour la cuisson.

VARIANTES

Remplacer le poulet par des cubes de tofu ferme. Remplacer les pains naans par du riz.

NUTRI-NOTE

Les épices, contrairement au sel, auraient des vertus pour la santé. On gagne à les intégrer à nos menus !

TORTILLA POULET-CARDAMOME

| 4 | 10 min | aucune | non |

INGRÉDIENTS

30 ml (2 c. à s.) de yogourt grec nature

30 ml (2 c. à s.) de mayonnaise

2,5 ml (½ c. à t.) de cardamome moulue

Au goût, sel et poivre

4 grandes tortillas de blé entier

240 g (environ ½ lb) de lanières de poulet déjà cuites

Au goût, feuilles de laitues mélangées

PRÉPARATION

Mélanger le yogourt, la mayonnaise, la cardamome, le sel et le poivre dans un petit bol.

Répartir et tartiner sur chaque tortilla.

Répartir le poulet et la laitue.

Rouler fermement les tortillas pour retenir la garniture.

VARIANTES

Ajouter des suprêmes de pamplemousse rose sur chaque tortilla. Remplacer la cardamome par de la cannelle moulue. Ajouter de la luzerne ou les pousses de graines de votre choix.

NUTRI-NOTE

L'ajout d'épices permet de «jazzer» n'importe quel sandwich au poulet traditionnel! Une belle façon de réinventer un classique.

PORC CHIPOTLE

| 4 | **15** min | **30** min | oui |

INGRÉDIENTS

480 g (environ 1 lb) de filet de porc, coupé en cubes d'environ 2 cm

5 ml (1 c. à t.) de cumin moulu

Au goût, sel et poivre

7,5 ml (½ c. à s.) d'huile de canola

1 oignon, tranché mince

2 poivrons rouges, coupés en tranches

1 gousse d'ail, finement hachée

1 boîte (354 ml) de lait évaporé à 2 % de M.G.

2,5 ml (½ c. à t.) de piment chipotle moulu

454 g (1 lb) de pommes de terre grelots, coupées en 4

1 petit chou-fleur, divisé en petits bouquets

60 ml (¼ tasse) de coriandre fraîche, hachée

½ lime, coupée en 4 quartiers

PRÉPARATION

Dans un bol, mélanger le cumin, le sel et le poivre. Ajouter le porc et bien l'enrober d'épices. Réserver (voir note « À prévoir »).

Faire chauffer l'huile dans une grande poêle. Faire dorer le porc sans faire trop cuire. Retirer de la poêle. Réserver.

Dans la même poêle, faire sauter l'oignon et les poivrons.

Ajouter l'ail et poursuivre la cuisson 1 minute.

Ajouter le lait, le piment chipotle et les pommes de terre. Amener à ébullition. Ajouter le porc. Baisser le feu et laisser mijoter 10 minutes à couvert.

Ajouter le chou-fleur et faire cuire 10 minutes de plus ou jusqu'à ce que les pommes de terre soient tendres.

Servir le porc garni de coriandre fraîche et d'un quartier de lime.

À PRÉVOIR

Cuire 320 g de filet de porc coupé en lanières de plus pour les lunchs du lendemain (il restera environ 240 g une fois cuit). Il faudra ajouter 5 ml (1 c. à t.) de cumin moulu et ajuster le sel et le poivre. Si nécessaire ajouter 5 ml (1 c. à t.) d'huile de canola supplémentaire pour la cuisson.

VARIANTE

Remplacer le porc par du tofu ferme coupé en cubes.

NUTRI-NOTE

Saviez-vous que les poivrons rouges sont plus intéressants sur le plan nutritionnel que les verts ? Leur teneur en vitamines C et A en fait de meilleurs choix.

TORTILLA PORC-PAPRIKA FUMÉ

| 4 | **15** min | aucune | non |

INGRÉDIENTS

30 ml (2 c. à s.) de yogourt grec nature

30 ml (2 c. à s.) de mayonnaise

1 ml (¼ c. à t.) de paprika fumé

60 ml (¼ tasse) de poivrons rouges rôtis (du commerce ou maison), égouttés et coupés finement

Au goût, sel et poivre

4 grandes tortillas de grains entiers

240 g (environ ½ lb) de lanières de porc cuites

Au goût, feuilles de laitues mélangées

PRÉPARATION

Mélanger le yogourt, la mayonnaise, le paprika fumé et les poivrons rouges rôtis dans un petit bol.

Répartir et tartiner sur chaque tortilla.

Répartir le porc et la laitue.

Rouler les tortillas fermement pour retenir la garniture.

VARIANTES

Remplacer le porc par des lanières de poitrine de poulet du commerce. Remplacer le paprika fumé par du paprika.

NUTRI-NOTE

Le filet de porc est considéré comme une viande maigre, il s'inscrit donc dans un menu équilibré.

SOUPE-REPAS AUX HARICOTS ROUGES

| 8 | 15 min | 25 min | oul |

INGRÉDIENTS

10 ml (2 c. à t.) d'huile de canola

2 petits oignons, hachés finement

4 carottes, coupées en rondelles

2 gousses d'ail, hachées finement

1 boîte (540 ml) de tomates en dés et leur jus, sans sel ajouté

2 L (8 tasses) de bouillon de légumes à teneur réduite en sodium

15 ml (1 c. à s.) de pesto de tomates

Au goût, sel et poivre

5 ml (1 c. à t.) de basilic séché

2 boîtes (540 ml chacune) de haricots rouges, sans sel ajouté, rincés et égouttés

500 ml (2 tasses) de kale frais, coupé en bouchées, bien tassé

250 ml (1 tasse) de maïs surgelé

PRÉPARATION

Faire chauffer l'huile dans une grande casserole.

Cuire les oignons et les carottes pendant 3 minutes.

Ajouter l'ail et poursuivre la cuisson 1 minute en remuant constamment.

Ajouter les tomates, le bouillon, le pesto, le sel, le poivre et le basilic. Amener à ébullition. Baisser le feu, couvrir et laisser mijoter pendant 10 minutes.

Ajouter les haricots, le kale et le maïs, bien mélanger et poursuivre la cuisson à couvert pendant 8 minutes.

VARIANTES

Remplacer les haricots rouges par des edamames ou des morceaux de poulet cuits. Remplacer le pesto de tomates par du pesto de basilic. Si vous avez du basilic frais ou du persil frais haché, on peut en garnir la soupe au moment de servir.

*À **NOTER**: La quantité de soupe est déjà doublée pour les lunchs du lendemain. Si vous ne la consommez pas entièrement, elle peut se conserver au congélateur de 2 à 3 mois.

NUTRI-NOTE

Une soupe comme repas du soir, pourquoi pas! Celle-ci apporte tous les éléments nutritifs requis pour un souper équilibré. Compléter avec un yogourt et le tour est joué!

SOUPE EN THERMOS

| 4 | 10 min | 5 min | oui |

INGRÉDIENTS

1 recette de soupe supplémentaire
(environ 1 litre de soupe)

PRÉPARATION

- Faire bouillir au moins 1 litre d'eau dans une casserole.
- Répartir l'eau dans chacun des thermos.
- Fermer hermétiquement les thermos.
- Laisser l'eau bouillante dans les thermos au moins 10 minutes.
- Pendant ce temps, mettre la soupe dans une casserole et la faire chauffer. Ajouter un peu de bouillon si nécessaire.
- Vider l'eau des thermos.
- Remplir chaque thermos de la soupe bien chaude.

NUTRI-NOTE

Le fer contenu dans les légumineuses s'absorbe mieux en présence de vitamine C, c'est le cas ici puisque les tomates et le kale contribuent à la teneur en vitamine C de la recette.

CREVETTES À LA CAJUN

| 4 | 10 min | 20 min | oui |

INGRÉDIENTS

250 ml (1 tasse) de riz basmati	Rincer à l'eau froide le riz à l'aide d'un tamis.
500 ml (2 tasses) de bouillon de légumes à teneur réduite en sodium	Dans une casserole, mettre le riz et le bouillon. Porter à ébullition. Remuer. Couvrir et cuire à feu doux 20 minutes ou jusqu'à ce que le liquide soit absorbé. Laisser reposer à couvert.
15 ml (1 c. à s.) d'assaisonnement cajun	Dans un bol, mettre l'assaisonnement cajun, la poudre d'ail et les crevettes. Mélanger. Réserver. Faire chauffer l'huile dans une grande poêle à feu moyen. Ajouter les crevettes et cuire de chaque côté pendant 1 à 2 minutes. Retirer de la poêle et garder au chaud.
10 ml (2 c. à t.) de poudre d'ail	
680 g (environ 1 ½ lb) de crevettes crues, décortiquées	
15 ml (1 c. à s.) d'huile d'olive	

Préparer la salade. Servir les crevettes avec le riz et la salade.

VARIANTES

Remplacer les crevettes par de la volaille ou des cubes de tofu extra-ferme. Ajouter des grains de maïs dans la salade.

POUR LA SALADE

30 ml (2 c. à s.)
d'huile d'olive

½ lime (jus)

2,5 ml (½ c. à t.)
de paprika

Au goût, sel et poivre

1 L (4 tasses) de feuilles
de laitues mélangées

½ petit oignon rouge

1 poivron rouge,
coupé en lanières

- Préparer la vinaigrette :
  dans un petit bol,
  mélanger l'huile, le
  jus de lime, le paprika,
  le sel et le poivre.
  Fouetter. Réserver.

- Dans un grand bol,
  mettre les feuilles de
  laitues mélangées,
  l'oignon et le poivron.

- Ajouter la vinaigrette
  et mélanger
  délicatement.

NUTRI-NOTE

Les crevettes apportent des
protéines, du phosphore et
du sélénium. Bien qu'elles
soient moins riches en
oméga-3 que le poisson,
elles en contiennent quand
même une quantité non
négligeable. Leur belle
couleur rosée provient d'un
pigment, l'astaxanthine,
qui possède plusieurs
vertus préventives.

RECETTES SUPPLÉMENTAIRES

Votre famille n'apprécie pas une recette en particulier ?
Pigez alors dans ces recettes substituts !

HAMBURGERS DE DINDE ET FRITES DE PANAIS

| 4 | 20 min | 27 min | non |

INGRÉDIENTS

POUR LES FRITES

4 panais, coupés en julienne

15 ml (1 c. à s.) d'huile d'olive

15 ml (1 c. à s.) de paprika fumé

Au goût, sel et poivre

POUR LES HAMBURGERS

450 g (environ 1 lb) de dinde hachée

2 échalotes françaises, hachées finement

4 dattes fraîches, dénoyautées et hachées finement

Au goût, sel et poivre

15 ml (1 c. à s.) d'huile d'olive

4 pains minces multigrains

POUR LA SAUCE

30 ml (2 c. à s.) de mayonnaise

60 ml (¼ tasse) de yogourt grec nature

15 ml (1 c. à s.) de moutarde de Dijon

POUR LA GARNITURE

Feuilles de laitue romaine

PRÉPARATION

Préchauffer le four à 220 °C (425 °F).

Dans un bol, mélanger le panais avec l'huile, le paprika, le sel et le poivre. Déposer sur une plaque à biscuits recouverte de papier parchemin, placer au centre du four et cuire 15 minutes en retournant à mi-cuisson.

Pendant ce temps, dans un grand bol, mélanger la dinde, les échalotes, les dattes, le sel et le poivre. Façonner en 4 boulettes. Dans une poêle, faire chauffer l'huile et cuire la viande 5 minutes de chaque côté ou jusqu'à ce qu'elle soit parfaitement cuite. Réchauffer les pains au four pendant 2 minutes.

Pendant ce temps, dans un petit bol, fouetter tous les ingrédients de la sauce. Badigeonner de sauce une moitié de pain, ajouter une galette de dinde, garnir de feuilles de laitue et refermer avec l'autre moitié de pain.

Servir les hamburgers avec les frites de panais.

NUTRI-NOTE

Le panais est un légume pas toujours apprécié des enfants, mais préparé en frites et rehaussé de paprika, il plaira à toute la famille ! Les parents se réjouiront de savoir qu'une portion est aussi une excellente source de fibres.

HAMBURGERS STYLE *CRAB CAKES*

| 4 | 20 min | 22 min | non |

INGRÉDIENTS

300 g (environ ¾ lb) de chair de crabe (fraîche ou en conserve, bien égouttée)

125 ml (½ tasse) de poivron rouge, haché finement

2 oignons verts, hachés finement

60 ml (¼ tasse) de coriandre fraîche, hachée

1 œuf

60 ml (¼ tasse) de fromage gouda léger, râpé

60 ml (¼ tasse) de germe de blé grillé

Au goût, sel et poivre

POUR LA SAUCE

125 ml (½ tasse) de crème sure légère

30 ml (2 c. à s.) de ciboulette ciselée

Quelques gouttes de sauce piquante (votre préférée)

Au goût, sel et poivre

POUR LA GARNITURE

4 pains minces de blé entier

1 tomate, tranchée

1 avocat, tranché

250 ml (1 tasse) de luzerne

4 pains minces de blé entier

PRÉPARATION

Préchauffer le four à 200 °C (400 °F).

Dans un bol, mélanger délicatement tous les ingrédients des *crab cakes*. Façonner 4 galettes. Déposer les galettes sur une plaque à biscuits recouverte de papier parchemin. Placer au centre du four et cuire 20 minutes en les retournant à mi-cuisson.

Déposer tous les ingrédients de la sauce dans un bol. Fouetter et réserver.

Réchauffer les pains pendant 2 minutes au four.
Badigeonner une moitié de pain de sauce et ajouter une galette de crabe. Garnir de tranches de tomate, d'avocat et de luzerne. Refermer avec l'autre moitié de pain et déguster !

NUTRI-NOTE

Le crabe ajoute une note originale à cette recette de burger, en plus de lui apporter une panoplie de nutriments. On l'aime d'abord parce qu'il est riche en protéines et faible en gras, mais aussi parce que sa chair contient des oméga-3, de la vitamine B12, du sélénium, du cuivre et du zinc. On a donc tout intérêt à garder des conserves de crabe dans le garde-manger pour un lunch rapide et santé !

FETTUCINE ALFREDO

4 | **15** min | **25** min | non

INGRÉDIENTS

400 g de fettucines
de blé entier

POUR LA SAUCE

1 emballage (350 g) de tofu soyeux
extra-ferme (de type Sunrise)

250 ml (1 tasse) de bouillon de
légumes à teneur réduite en sodium

250 ml (1 tasse) de fromage
parmesan léger

1 gousse d'ail, hachée finement

Au goût, sel et poivre

POUR LA GARNITURE

60 ml (¼ tasse) de persil frais, haché

60 ml (¼ tasse) de tomates
séchées, hachées

PRÉPARATION

Faire cuire les pâtes selon les instructions
sur l'emballage. Égoutter. Garder au
chaud jusqu'au moment de servir.

Pendant ce temps, déposer tous les ingrédients
de la sauce dans un robot culinaire et battre
jusqu'à ce que le mélange soit lisse et homogène.
Verser la sauce dans une casserole, porter à
ébullition, baisser le feu, puis laisser mijoter
10 minutes ou jusqu'à ce que la sauce ait épaissi.
Ajouter les pâtes et mélanger.

Au moment de servir, garnir de
persil et de tomates séchées.

VARIANTE

Ajouter du kale grillé.
Préchauffer le four à *broil*.
Badigeonner légèrement
d'huile d'olive 4 grandes
feuilles de kale et déposer
sur une plaque de
cuisson recouverte de
papier parchemin. Griller
pendant 5 minutes,
puis hacher finement
et intégrer aux pâtes.

NUTRI-NOTE

On se fait plaisir en cuisinant
un classique des restaurants
italiens à la maison ! En
plus, ces fettucines Alfredo
revisités sont beaucoup
moins gras, moins salés
et plus protéinés que la
version du restaurant, sans
compromis sur le goût.

PAIN DE BŒUF ET DE LENTILLES

| 8 | 20 min | 60 min | oui |

INGRÉDIENTS

1 boîte (540 ml) de lentilles brunes, rincées et égouttées

450 g (environ 1 lb) de bœuf haché maigre

1 petit oignon jaune, haché finement

250 ml (1 tasse) de chapelure panko

1 œuf

125 ml (½ tasse) de sauce chili

15 ml (1 c. à s.) de poudre de chili

15 ml (1 c. à s.) de cassonade

15 ml (1 c. à s.) de sauce Worcestershire

Au goût, sel et poivre

PRÉPARATION

Préchauffer le four à 180 °C (350 °F).

Huiler un moule à pain de 23 × 13 cm (9 × 5 po).
Dans un bol, mélanger tous les ingrédients.
Verser dans le moule et bien presser.
Placer au centre du four et cuire pendant
1 heure. Trancher le pain de viande
et servir avec une belle salade.

NUTRI-NOTE

On bonifie le pain de viande, un classique de la cuisine québécoise, en lui ajoutant des lentilles. On obtient ainsi un résultat beaucoup moins gras et plus riche en fibres que la version originale ! Une portion de cette recette est aussi une excellente source de fer.

PARMENTIER DE VEAU ET DE PATATES DOUCES

| 6 | 20 min | 50 min | oui |

INGRÉDIENTS

POUR LES PATATES

1 L (4 tasses) de patates douces, coupées en cubes de 1 × 1 cm (½ × ½ po)

60 ml (¼ tasse) de lait

15 ml (1 c. à s.) de thym frais, haché

Au goût, sel et poivre

POUR LA VIANDE

15 ml (1 c. à s.) d'huile de canola

1 oignon jaune, haché finement

450 g (environ 1 lb) de veau haché maigre

Au goût, sel et poivre

LES MAÏS

1 boîte (540 ml) de maïs en crème

250 ml (1 tasse) de maïs en grains (surgelés ou en conserve)

PRÉPARATION

Préchauffer le four à 190 °C (375 °F).

Dans une grande casserole d'eau bouillante, cuire les patates douces pendant 15 minutes ou jusqu'à ce qu'elles soient tendres. Égoutter. Ajouter le lait, le thym, le sel et le poivre aux patates. À l'aide du batteur électrique, réduire en purée lisse et homogène.

Dans une grande poêle, faire chauffer l'huile, colorer l'oignon pendant 3 minutes, puis ajouter la viande et cuire pendant 10 minutes. Saler et poivrer au goût.

Dans un plat de cuisson, déposer la viande, ajouter le maïs en crème et en grains, puis recouvrir de purée de patates douces.

Cuire au centre du four pendant 20 minutes, puis placer sur la grille du haut du four pendant 2 minutes ou jusqu'à ce que les patates soient dorées.

NUTRI-NOTE

Le veau du Québec est une bonne source de protéines maigres, ce qui fait changement du traditionnel bœuf haché. Garni de maïs et d'une purée de patates douces, ce pâté chinois original sera certainement dévoré en quelques minutes. Pensez à le servir avec des crudités ou une salade pour plus de fraîcheur dans l'assiette.

TORTELLINIS, SAUCE ROSÉE AU TOFU

| 4 | 15 min | 20 min | non |

INGRÉDIENTS

350 g de tortellinis farcis
(à la viande ou au fromage)

POUR LA SAUCE TOMATE

30 ml (2 c. à s.) d'huile d'olive

1 petit oignon, haché

2 gousses d'ail, hachées

1 boîte (796ml) de tomates
broyées, sans sel ajouté

15 ml (1 c. à s.) de sucre

15 ml (1 c. à s.) de paprika fumé doux

Au goût, sel et poivre

250 ml (1 tasse) de tofu soyeux
nature extra-ferme

POUR LA GARNITURE

60 ml (¼ tasse) de copeaux
de parmesan

500 ml (2 tasses) de roquette

PRÉPARATION

Faire cuire les pâtes selon les instructions sur l'emballage. Égoutter. Garder au chaud jusqu'au moment de servir.

Pendant ce temps, dans une autre casserole, faire chauffer l'huile à feu moyen-fort et faire colorer l'oignon pendant 3 minutes. Ajouter l'ail et poursuivre la cuisson 1 minute. Ajouter le reste des ingrédients, puis porter à ébullition. Baisser le feu et laisser mijoter pendant 15 minutes. À l'aide d'un mélangeur à main, broyer la sauce pour avoir une texture lisse et homogène. Garder au chaud et rectifier l'assaisonnement au besoin.

Déposer les tortellinis dans des bols, napper de sauce, puis garnir de copeaux de parmesan et de roquette.

NUTRI-NOTE

Voici une recette rapide et simple pour les soirs de semaine pressés ! Pour ajouter un peu de couleur, de fraîcheur et de fibres à vos plats de pâtes, pensez à les garnir de roquette, d'épinards, de mâche ou même de cresson.

FILET D'AIGLEFIN À LA THAÏ

| 4 | 10 min | 25 min | oui |

INGRÉDIENTS

250 ml (1 tasse) de riz basmati

500 ml (2 tasses) de bouillon de légumes à teneur réduite en sodium

1 œuf

30 ml (2 c. à s.) de cari en poudre

60 ml (¼ tasse) de fécule de pommes de terre

Au goût, sel et poivre

4 filets (environ 120 g chacun) d'aiglefin

30 ml (2 c. à s.) d'huile de canola

1 petit oignon, haché finement

1 poivron rouge, coupé en lanières

1 poivron jaune, coupé en lanières

15 ml (1 c. à s.) de gingembre frais, haché finement

2 gousses d'ail, hachées finement

30 ml (2 c. à s.) de pâte de cari douce

125 ml (½ tasse) de lait de coco allégé

250 ml (1 tasse) de bouillon de légumes à teneur réduite en sodium

500 ml (2 tasses) de feuilles de bébés épinards

60 ml (¼ tasse) de coriandre fraîche, hachée finement

½ lime, coupée en quatre

PRÉPARATION

Rincer le riz à l'eau froide à l'aide d'un tamis. Dans une grande casserole, mettre le riz et le bouillon de légumes. Couvrir et porter à ébullition. Remuer. Couvrir et cuire à feu doux 20 minutes ou jusqu'à ce que le liquide soit absorbé. Laisser reposer à couvert.

Pendant ce temps, battre un œuf dans un grand bol. Réserver. Dans une grande assiette, mélanger le cari, la fécule, le sel et le poivre. Réserver. Tremper chaque filet d'abord dans l'œuf et ensuite dans le mélange de cari. Faire chauffer 15 ml (1 c. à s.) d'huile dans une grande poêle, y déposer les filets assaisonnés et faire cuire 3 minutes de chaque côté, où jusqu'à ce que les filets soient dorés et que la chair du poisson se détache facilement à la fourchette. Retirer les filets de la poêle et réserver au chaud.

Dans la même poêle, verser l'huile restante. Faire sauter l'oignon et les poivrons environ 3 minutes. Ajouter le gingembre et l'ail. Mélanger et cuire pendant 30 secondes. Ajouter la pâte de cari, le lait de coco et le bouillon de légumes. Amener à ébullition. Ajouter les épinards, mélanger et faire cuire 1 à 2 minutes, juste le temps de les faire tomber.

Servir le poisson accompagné du riz et des légumes. Garnir de coriandre fraîche et des quartiers de lime.

VARIANTE

Vous pouvez remplacer le poisson par des lanières de poulet ou des cubes de tofu si vous le désirez.

NUTRI-NOTE

Le lait de coco allégé donne un goût tout aussi unique que le lait de coco entier tout en étant considérablement moins gras.

BŒUF ET SES OIGNONS CARAMÉLISÉS

4	**20** min	**35** min	oui

INGRÉDIENTS

454 g (1 lb) de pommes de terre grelots jaunes, coupées en 4

1 contenant (227 g) de champignons blancs, coupés en 2

4 carottes, coupées en 4 dans le sens de la longueur

15 ml (1 c. à s.) d'huile d'olive (pour les légumes)

Au goût, sel et poivre

2 oignons rouges, coupés en très fines tranches

60 ml (¼ tasse) de sirop d'érable

60 ml (¼ tasse) de vinaigre de vin rouge

500 g (environ 1 lb) de bœuf de haut de surlonge

7,5 ml (½ c. à s.) d'huile d'olive (pour la viande)

PRÉPARATION

Préchauffer le four à 230 °C (450 °F).

Déposer les pommes de terre, les champignons et les carottes sur une plaque de cuisson tapissée de papier parchemin. Répartir l'huile sur les légumes. Ajouter le sel et le poivre. Remuer pour bien enrober. Cuire au four 30 minutes ou jusqu'à ce que les pommes de terre soient tendres.

Déposer les oignons, le sirop d'érable et le vinaigre de vin rouge dans un autre plat allant au four tapissé de papier parchemin. Mélanger. Cuire au four 30 minutes.

Assaisonner généreusement le bœuf de sel et de poivre. Faire chauffer l'huile dans une poêle à feu moyen-élevé et cuire environ 6 minutes de chaque côté (pour la cuisson d'un steak mi-saignant de 4 cm d'épaisseur). Transférer sur la plaque qui contient les oignons pour terminer la cuisson au four et pour le garder au chaud jusqu'au service.

Servir le bœuf garni d'oignons avec les légumes en accompagnement.

VARIANTE

Remplacer le vinaigre de vin rouge par du vinaigre balsamique.

NUTRI-NOTE

Le sirop d'érable, bien aimé des Québécois, vous garantira que tous les membres de la famille apprécieront ce plat. En prime : une portion vous apportera le tiers de vos besoins quotidiens en fer, grâce au bœuf qui en est une très bonne source !

SAUMON ET TREMPETTE À L'ANETH

| 4 | 10 min | 20 min | oui |

INGRÉDIENTS

250 ml (1 tasse) de riz basmati

500 ml (2 tasses) de bouillon de légumes à teneur réduite en sodium

480 g (environ 1 lb) de saumon frais avec la peau

15 ml (1 c. à s.) d'huile d'olive

Au goût, sel et poivre

20 asperges

24 tomates cerises

15 ml (1 c. à s.) d'huile d'olive

Au goût, sel et poivre

60 ml (¼ tasse) de mayonnaise

60 ml (¼ tasse) de yogourt grec nature

1 petit citron, coupé en 2

60 ml (¼ tasse) d'aneth frais

Au goût, sel et poivre

PRÉPARATION

Rincer le riz à l'eau froide à l'aide d'un tamis. Dans une grande casserole, mettre le riz et le bouillon de légumes. Couvrir et porter à ébullition. Remuer. Couvrir et cuire à feu doux 20 minutes ou jusqu'à ce que le liquide soit absorbé. Laisser reposer à couvert.

Pendant ce temps, déposer le saumon dans un grand plat allant au four couvert d'un papier parchemin. Répartir l'huile, le sel et le poivre. Cuire au four 20 minutes, ou jusqu'à ce que la chair du poisson se détache facilement à la fourchette.

En parallèle, sur une grande plaque de cuisson recouverte de papier parchemin, déposer les asperges et les tomates. Répartir l'huile, le sel et le poivre. Mélanger pour bien recouvrir les légumes d'huile. Cuire au four pendant 15 minutes.

Dans un bol, mélanger la mayonnaise, le yogourt, le jus d'un demi-citron, l'aneth, le sel et poivre. Réserver au froid. Couper le demi-citron restant en quartiers.

Servir le saumon sur le riz accompagné d'asperges, de tomates, de la sauce à l'aneth et d'un quartier de citron.

VARIANTES

Remplacer l'aneth frais par de l'aneth séché. Remplacer le saumon par de la truite.

NUTRI-NOTE

Les asperges et les tomates sont une combinaison gagnante pour faire le plein de vitamine C, qui est reconnue pour aider à l'absorption du fer provenant des végétaux.

POULET CRÉMEUX ASSAISONNÉ

| 4 | 10 min | 20 min | oui |

INGRÉDIENTS

30 ml (2 c. à s.) de farine de blé entier

2,5 ml (½ c. à t.) d'herbes de Provence

2,5 ml (½ c. à t.) de poudre d'ail

1 ml (¼ c. à t.) de paprika

1 ml (¼ c. à t.) de piment de Cayenne

30 ml (2 c. à s.) d'huile de canola

480 g (environ 1 lb) de poitrines de poulet, coupées en cubes de 2 cm (environ 1 po)

1 oignon, coupé en dés

2 gousses d'ail, émincées

2 boîtes (354 ml chacune) de lait évaporé à 2 % de M.G.

250 ml (1 tasse) de bouillon de poulet à teneur réduite en sodium

500 ml (2 tasses) de pâtes courtes (comme les pennes rigates de type Smart)

Au goût, sel et poivre

500 ml (2 tasses) de macédoine surgelée (pois, carottes, maïs, haricots)

125 ml (½ tasse) de persil frais, haché

PRÉPARATION

Dans un petit bol, mettre la farine, les herbes de Provence, la poudre d'ail, le paprika et le piment de Cayenne. Mélanger. Réserver.

Faire chauffer l'huile dans un grand chaudron. Ajouter les cubes de poulet. Faire cuire environ 3 minutes de chaque côté, pour qu'ils soient tout juste dorés.

Ajouter l'oignon. Faire sauter environ 2 minutes. Ajouter l'ail. Faire cuire environ 1 minute. Ajouter le mélange de farine et d'épices. Mélanger pour bien enrober le poulet, l'oignon et l'ail.

Ajouter le lait, le bouillon, les pâtes, le sel et le poivre. Amener à ébullition. Ajouter la macédoine de légumes, baisser à feu moyen et laisser mijoter en mélangeant constamment pendant 5 minutes ou jusqu'à ce que les pâtes soient tendres.

Au moment de servir, garnir de persil.

VARIANTE

Durant le temps des récoltes, remplacer la macédoine surgelée par des carottes, des pois et des haricots frais du potager !

NUTRI-NOTE

Le lait évaporé en conserve à 2 % de matières grasses contient plus de protéines et de calcium que le lait frais à 2 % de matières grasses.

PIZZA AU POULET ET AU PESTO

2 pizzas de **30** cm (**12** po), environ **6** portions | 1 h 15 | 20 min | oui (pâte)

INGRÉDIENTS

10 ml (2 c. à t.) de levure sèche active

310 ml (1¼ tasse) d'eau tiède

2,5 ml (½ c. à t.) de sucre

15 ml (1 c. à s.) d'huile d'olive

5 ml (1 c. à t.) de sel

375 ml (1½ tasse) de farine tout usage non blanchie

375 ml (1½ tasse) de farine de blé entier

POUR LA GARNITURE

125 ml (½ tasse) de pesto de basilic maison ou du commerce

450 g (environ 1 lb) de lanières de poulet cuites

1 poivron rouge, coupé en lanières

125 ml (½ tasse) de fromage mozzarella léger, râpé

PRÉPARATION

Dans un grand bol, mélanger la levure dans 45 ml (3 c. à s.) d'eau tiède, puis ajouter le sucre. Mélanger et laisser reposer une dizaine de minutes. Quand le mélange de levure commence à mousser, ajouter l'huile d'olive, le sel et le reste de l'eau tiède. Incorporer les farines doucement, puis mélanger jusqu'à obtention d'une boule de pâte. Sur une surface enfarinée, pétrir la pâte jusqu'à ce qu'elle devienne lisse, homogène et souple. Déposer la pâte dans un grand bol légèrement huilé, la couvrir d'une pellicule de plastique, puis la laisser lever dans un endroit tempéré pendant une heure ou jusqu'à ce qu'elle ait doublé de volume. Pétrir de nouveau, laisser reposer 15 minutes et diviser la pâte en deux parts égales.

Abaisser les pâtes jusqu'à ce qu'elles atteignent 30 cm (12 po) de diamètre, déposer sur une plaque à pizza huilée, puis ajouter le pesto, le poulet, le poivron et le fromage.

Cuire au four à 200 °C (400 °F) pendant 20 minutes ou jusqu'à ce que la pâte et le fromage soient bien dorés.

VARIANTE

Remplacer la pâte maison par une pâte du commerce ou encore par un grand pain pita de blé entier.

NUTRI-NOTE

Cette pizza est l'occasion parfaite pour les enfants de mettre la main à la pâte… littéralement ! Une pâte à pizza maison est plus nutritive qu'une pâte à pizza du commerce : moins d'additifs, plus de fibres grâce à la farine de blé entier et moins de sel ajouté. Et en plus, c'est bien meilleur au goût !

AIGLEFIN ET SAUCE À L'ESTRAGON

| 4 | 10 min | 10 min | oui |

INGRÉDIENTS

250 ml (1 tasse) de couscous de blé entier

250 ml (1 tasse) de bouillon de légumes à teneur réduite en sodium

60 ml (¼ tasse) de mayonnaise

60 ml (¼ tasse) de yogourt grec nature

1 petit citron, coupé en 2

15 ml (1 c. à s.) d'estragon séché

Au goût, sel et poivre

1 L (4 tasses) de haricots verts surgelés

1 œuf

45 ml (3 c. à s.) de moutarde en poudre

60 ml (¼ tasse) de fécule de pommes de terre

Au goût, sel et poivre

4 filets (environ 120 g chacun) d'aiglefin

15 ml (1 c. à s.) d'huile d'olive

PRÉPARATION

Verser le couscous dans un grand bol. Mettre le bouillon de légumes dans un chaudron et porter à ébullition. Verser le liquide sur le couscous. Couvrir et laisser reposer pendant 5 minutes ou jusqu'à ce que tout le liquide soit absorbé.

Dans un bol, mélanger la mayonnaise, le yogourt, le jus d'un demi-citron, l'estragon, le sel et le poivre. Réserver au froid.

Faire cuire les haricots verts à la vapeur. Réserver.

Pendant ce temps, battre un œuf dans un grand bol. Réserver. Dans une grande assiette, mélanger la moutarde, la fécule, le sel et le poivre. Réserver. Tremper chaque filet d'abord dans l'œuf et ensuite dans le mélange de moutarde.
Faire chauffer l'huile dans une grande poêle. Faire cuire les filets de poisson assaisonnés 3 minutes de chaque côté, où jusqu'à ce qu'ils soient dorés et que la chair se détache facilement à la fourchette.

Couper en quartiers le demi-citron restant. Servir le poisson accompagné de couscous, de haricots, de sauce et d'un quartier de citron.

VARIANTES

Remplacer la fécule de pommes de terre par de la fécule de maïs. Remplacer l'aiglefin par un autre poisson à chair blanche. Remplacer les haricots verts par du brocoli.

NUTRI-NOTE

Le couscous de grains entiers est plus intéressant nutritionnellement que le couscous régulier. Vous pouvez le trouver en épicerie et s'il n'est pas offert, n'hésitez pas à le demander.

POULET À L'INDIENNE

| 4 | 10 min | 30 min | oui |

INGRÉDIENTS

1 petit chou-fleur, coupé en petits bouquets

30 ml (2 c. à s.) d'huile d'olive

5 ml (1 c. à t.) de cayenne en flocons

Au goût, sel et poivre

30 ml (2 c. à s.) d'huile de canola

480 g (1 lb) de poitrines de poulet désossées et sans la peau, coupées en cubes de 2 cm (environ 1 po)

1 petit oignon

5 ml (1 c. à t.) de gingembre moulu

5 ml (1 c. à t.) de curcuma moulu

2,5 ml (½ c. à t.) de cari en poudre

2,5 ml (½ c. à t.) de cardamome moulue

250 ml (1 tasse) de bouillon de poulet à teneur réduite en sodium

125 ml (½ tasse) de lait de coco allégé

250 ml (1 tasse) de quinoa

80 ml (⅓ tasse) de dattes dénoyautées, coupées en quatre

1 L (4 tasses) de feuilles de bébés épinards

2 oignons verts, coupés en fines rondelles

PRÉPARATION

Préchauffer le four à 230 °C (450 °F).

Dans un grand plat allant au four recouvert de papier parchemin, mettre le chou-fleur, l'huile d'olive, le cayenne, le sel et le poivre. Mélanger. Cuire au four 20 minutes ou jusqu'à ce qu'il soit tendre et doré.

Dans une grande poêle, faire chauffer l'huile et faire dorer le poulet à feu moyen-vif pendant environ 2 minutes de chaque côté. Ajouter l'oignon et les épices. Faire cuire 2 minutes en remuant constamment.

Ajouter le bouillon de poulet, le lait de coco, le quinoa, les dattes et, au goût, du sel et du poivre. Mélanger, couvrir et porter à ébullition. Réduire à feu doux et cuire à couvert pendant 15 minutes ou jusqu'à ce que le quinoa soit cuit.

Ajouter les épinards, bien mélanger et faire cuire 2 minutes, juste le temps de les faire tomber.

Servir le poulet avec le chou-fleur. Garnir d'oignons verts.

VARIANTE

Remplacer le poulet par des cubes de tofu et les dattes par des pruneaux.

NUTRI-NOTE

Ajouter des épices comme le gingembre et le curcuma à votre plat lui donne un goût exotique et une dose d'antioxydants.

POULET À L'ORANGE SUR CANETTE

| 8 | 15 min | 2 h | oui |

INGRÉDIENTS

1 poulet de grain de 1,5 kg (environ 3 lb)

60 ml (¼ tasse) d'assaisonnement BBQ au choix

1 orange

250 ml (1 tasse) de jus d'orange

1 support à poulet

PRÉPARATION

Préchauffer le four à 190 °C (375 °F).

Frotter l'extérieur de la volaille avec l'assaisonnement BBQ.

Trancher l'orange finement en conservant la pelure. Insérer délicatement les oranges sous la peau des poitrines, des cuisses et du dos.

Verser le jus d'orange dans une canette et la déposer dans un plat de cuisson.

Asseoir le poulet sur la canette. Placer sur la grille du bas et cuire pendant 2 heures ou jusqu'à ce que la température interne atteigne 85 °C (185 °F). En cours de cuisson, arroser la volaille avec le jus de cuisson.

NUTRI-NOTE

Un poulet à l'orange est toujours un choix gagnant pour toute la famille. On évitera de manger la peau pour réduire sa consommation de gras. On accompagne le tout d'un beau légume vert !

POULET SRIRACHA

| 4 | 20 min | 20 min | oui |

INGRÉDIENTS

15 ml (1 c. à s.) d'huile de sésame

30 ml (2 c. à s.) de sauce soya
à teneur réduite en sodium

15 ml (1 c. à s.) de sauce sriracha

2 gousses d'ail, hachées finement

480 g (environ 1 lb) de poitrines
de poulet, coupées en lanières

250 ml (1 tasse) de riz basmati

500 ml (2 tasses) de bouillon de
poulet à teneur réduite en sodium

4 mini bok choys, coupés en 2

1 courgette, coupée en rondelles

1 poivron jaune, coupé en lanières

15 ml (1 c. à s.) d'huile de canola

15 ml (1 c. à s.) de gingembre
frais, haché finement

500 ml (2 tasses) de feuilles
de bébés épinards

Au goût, sel et poivre

125 ml (½ tasse) de lait de coco allégé

6 oignons verts, coupés
en fines rondelles

PRÉPARATION

Dans un grand bol, mettre l'huile de sésame,
la sauce soya, la sriracha, l'ail et le poulet.
Bien mélanger. Réserver.

Rincer le riz à l'eau froide à l'aide d'un tamis.
Dans une grande casserole, mettre le riz et le
bouillon de poulet. Couvrir et porter à ébullition.
Remuer. Couvrir et cuire à feu doux 20 minutes
ou jusqu'à ce que le liquide soit absorbé.

Environ 10 minutes avant la fin de la cuisson,
ajouter les bok choys sur le dessus du riz pour
les cuire à la vapeur. Laisser reposer à couvert.

Dans une poêle très chaude, faire cuire le
poulet, avec sa marinade, environ 3 minutes de
chaque côté ou jusqu'à ce qu'il soit bien cuit.
Ajouter la courgette et le poivron. Cuire pendant
1 minute. Ajouter le gingembre, les épinards,
le sel et le poivre. Mélanger. Ajouter le lait de coco.
Bien mélanger et laisser cuire 2 minutes
ou jusqu'à ce que le mets soit chaud.

Servir le poulet sur le riz et les légumes avec les bok
choys en accompagnement. Garnir d'oignons verts.

Astuce: *Faire mariner la volaille pendant que vous découpez
vos légumes permet au poulet d'être plus goûteux.*

VARIANTES

Remplacer le poulet par
des bâtonnets de tofu
et l'épinard par du kale.

NUTRI-NOTE

Préférer la sauce soya
à teneur réduite en
sodium pour le bénéfice
de toute la famille.

POULET ET COURGE

| 4 | 10 min | 15 min | oui |

INGRÉDIENTS

15 ml (1 c. à s.) d'huile de canola

480 g (environ 1 lb) de lanières de poulet

1 gros oignon, haché finement

1 gousse d'ail, hachée finement

1 boîte (354 ml) de lait évaporé à 2 % de M.G.

250 ml (1 tasse) de bouillon de poulet à teneur réduite en sodium

2 tasses (166 g) de pâtes courtes (comme les fusillis de type Smart)

7,5 ml (½ c. à s.) de thym en feuilles séchées

7,5 ml (½ c. à s.) de romarin séché

Au goût, sel et poivre

1 emballage (750 g) de courge surgelée en cubes

500 ml (2 tasses) de roquette

PRÉPARATION

Dans un grand chaudron, faire chauffer l'huile et faire cuire le poulet environ 5 minutes ou jusqu'à ce qu'il soit bien doré, mais pas entièrement cuit. Ajouter l'oignon et l'ail. Mélanger.

Ajouter le lait évaporé, le bouillon, les pâtes, les fines herbes, le sel et le poivre. Mélanger. Amener à ébullition à découvert et laisser mijoter 5 minutes.

Ajouter les courges et laisser mijoter environ 5 minutes de plus ou jusqu'à ce que les courges et les pâtes alimentaires soient tendres et le mets bien chaud.

Au moment de servir, déposer de la roquette sur le poulet à la courge.

VARIANTES

Remplacer le poulet par du tofu ou du porc et remplacer la courge par du maïs surgelé.

NUTRI-NOTE

On aime les courges d'hiver pour leur goût sucré ainsi que leur teneur en vitamine A, laquelle est bénéfique pour la santé des yeux.

FILET DE PORC PACANES-ÉRABLE

4	10 min	25 min	oui

INGRÉDIENTS

480 g (environ 1 lb) de filet de porc

80 ml (⅓ tasse) d'huile d'olive

30 ml (2 c. à s.) de vinaigre balsamique

30 ml (2 c. à s.) de sirop d'érable

5 ml (1 c. à t.) d'estragon séché

Au goût, sel

Au goût, poivre rose écrasé
(ou poivre noir)

1 oignon rouge, coupé en quartiers

1 poivron jaune, coupé en quartiers

1 poivron orange, coupé en quartiers

454 g (1 lb) de pommes de terre
grelots, coupées en quatre

60 ml (¼ tasse) de pacanes,
légèrement hachées

125 ml (½ tasse) de persil frais, haché

PRÉPARATION

Préchauffer le four à 200 °C (400 °F).

Préparation de la marinade : dans un grand contenant muni d'un couvercle, verser l'huile, le vinaigre, le sirop d'érable, l'estragon, le sel et le poivre rose. Mélanger. Déposer le filet de porc et les légumes dans la marinade et bien les enrober. Fermer le contenant. Laisser mariner pendant au moins 15 minutes. Retirer le porc et les légumes de la marinade et les déposer sur une plaque de cuisson recouverte de papier parchemin.

Ajouter les pacanes sur les légumes. Faire cuire au four pendant 25 minutes.
Laisser reposer la viande quelques minutes, puis trancher et servir avec les légumes.

Au moment de servir, garnir de persil frais.

VARIANTES

Remplacer les poivrons par des légumes de saison de votre choix. Omettre les pommes de terre et accompagner le mets de pâtes alimentaires de grains entiers.

NUTRI-NOTE

Les pacanes ajoutent du croquant à la recette. Elles contiennent de bons gras et des fibres.

POULET AU BEURRE D'AMANDE

| 4 | 10 min | 15 min | oui |

INGRÉDIENTS

200 g de linguines

1 emballage (500 g) de brocoli surgelé

15 ml (1 c. à s.) d'huile de canola

480 g (environ 1 lb) de poitrines de poulet, coupées en cube de 2 cm (environ 1 po)

1 gros oignon, haché finement

1 gousse d'ail, hachée finement

1 boîte (354 ml) de lait évaporé à 2 % de M.G.

45 ml (3 c. à s.) de beurre d'amande

15 ml (1 c. à s.) de feuilles d'estragon séché

PRÉPARATION

Faire cuire les pâtes selon les instructions sur l'emballage. Ajouter le brocoli 5 minutes avant la fin de la cuisson des pâtes. Égoutter. Réserver au chaud.

Dans un grand chaudron, faire chauffer l'huile. Faire cuire le poulet environ 5 minutes ou jusqu'à ce qu'il soit bien cuit. Ajouter l'oignon et l'ail. Mélanger. Faire cuire 1 minute.

Ajouter le lait évaporé, le beurre d'amande et l'estragon. Mélanger. Laisser mijoter 2 minutes ou jusqu'à ce que le mets soit chaud. Brasser constamment.

Servir le poulet sur les pâtes accompagné du brocoli.

VARIANTE

Remplacer le beurre d'amande par du beurre d'arachide, de soya ou de tournesol.

NUTRI-NOTE

Le beurre d'amande procure plus de fibres, de calcium, de phosphore et de potassium que le beurre d'arachide.

RIZ AU POULET ET AU PARMESAN

| 4 | 10 min | 30 min | oui |

INGRÉDIENTS

15 ml (1 c. à s.) d'huile de canola

480 g (environ 1 lb) de poulet, coupé en cubes de 2 cm (environ 1 po)

2 échalotes françaises, hachées finement

1 petit oignon jaune, haché finement

2 courgettes, coupées en rondelles de 1 cm d'épaisseur (environ ½ po)

1 emballage (227 g) de champignons, coupés en 4

560 ml (2 ¼ tasses) de bouillon de poulet à teneur réduite en sodium

250 ml (1 tasse) de riz basmati

15 ml (1 c. à s.) de thym séché

Au goût, sel et poivre

500 ml (2 tasses) de feuilles de bébés épinards

250 ml (1 tasse) de parmesan léger

PRÉPARATION

Dans un grand chaudron, faire chauffer 15 ml (1 c. à s.) d'huile. Faire cuire le poulet environ 5 minutes ou jusqu'à ce qu'il soit bien cuit.

Ajouter les échalotes, l'oignon, les courgettes et les champignons. Ajouter de l'huile pour la cuisson au besoin. Mélanger.

Ajouter le bouillon, le riz, le thym, le sel et le poivre. Porter à ébullition. Remuer. Couvrir et cuire à feu doux 20 minutes ou jusqu'à ce que le riz soit tendre.

Ajouter les épinards et la moitié du fromage. Mélanger.

Garnir du fromage parmesan restant et saupoudrer généreusement de poivre.

VARIANTE

Remplacer le poulet par du tofu ou du bœuf.

NUTRI-NOTE

La présence de légumes à chaque repas vous garantit un bon apport en vitamines, en minéraux et en fibres, essentiels à votre santé. Il est important de les inclure dans votre alimentation quotidiennement.

BŒUF ET BOK CHOYS

| 4 | 20 min | 30 min | oui |

INGRÉDIENTS

500 g (environ 1 lb) de bœuf de haut de surlonge

15 ml (1 c. à s.) de fécule de maïs

60 ml (¼ tasse) de sauce mirin ou **30** ml (1 c. à s.) de miel liquide

30 ml (2 c. à s.) de sauce soya à teneur réduite en sodium

15 ml (1 c. à s.) de sauce aux huîtres

2 ml (½ c. à t.) de sambal oelek

30 ml (2 c. à s.) de gingembre frais, haché finement

7,5 ml (½ c. à s.) d'huile de sésame grillé (marinade)

Au goût, poivre

250 ml (1 tasse) de riz basmati

500 ml (2 tasses) de bouillon de bœuf à teneur réduite en sodium (pour le riz)

8 à **10** mini bok choys, coupés en 2

7,5 ml (½ c. à s.) d'huile de sésame grillé (pour la cuisson des légumes)

3 poivrons (jaune, orange et rouge), tranchés

1 gousse d'ail, émincée

125 ml (½ tasse) de bouillon de bœuf à teneur réduite en sodium

60 ml (¼ tasse) de coriandre fraîche, hachée

PRÉPARATION

Couper le bœuf en lanières. Réserver.

Dans un grand contenant, préparer la marinade : y mettre la fécule de maïs, la sauce mirin, la sauce soya, la sauce aux huîtres, le sambal oelek, le gingembre, l'huile et le poivre. Ajouter les lanières de bœuf. Bien mélanger. Réserver.

Rincer le riz à l'eau froide à l'aide d'un tamis. Dans une grande casserole, mettre le riz et le bouillon. Couvrir et porter à ébullition. Remuer. Couvrir et cuire à feu doux 20 minutes ou jusqu'à ce que le liquide soit absorbé.

Environ 10 minutes avant la fin de la cuisson, ajouter les bok choys sur le dessus du riz pour les cuire à la vapeur. Laisser cuire à couvert.

Dans une poêle très chaude, faire chauffer l'huile. Faire sauter les poivrons. Les retirer et les garder au chaud. Dans la même poêle, saisir le bœuf jusqu'à ce qu'il soit bien cuit (réserver la marinade).

Dans la même poêle, ajouter l'ail, le bouillon et la marinade. Faire bouillir et laisser mijoter jusqu'à ce que le liquide soit sirupeux. Remettre les poivrons dans la poêle. Mélanger.

Servir le bœuf et les légumes sur le riz et les bok choys en accompagnement. Garnir de coriandre.

VARIANTE

Remplacer le bœuf par des cubes de tofu.

NUTRI-NOTE

Les légumes asiatiques comme le bok choy sont maintenant offerts dans tous les supermarchés. Ils permettent d'ajouter de la variété au menu. On aime aussi leur teneur en vitamine C et en antioxydants.

10 «ONE POT PASTA»
QUI PLAISENT À TOUS

On les aime pour leur simplicité, le fait qu'ils soient prêts si rapidement et qu'on ait si peu de vaisselle à faire. Vive les «one pot» pour la famille. Nous vous en proposons dix!

FIESTA MEXICAINE

| 4 | 10 min | 20 min | oui |

INGRÉDIENTS

15 ml (1 c. à s.) d'huile de canola

1 oignon, haché

2 poivrons verts, coupés en lanières

2 gousses d'ail, hachées finement

1 boîte (796 ml) de tomates en dés et leur jus, sans sel ajouté

1 boîte (540 ml) de jus de tomate

250 ml (1 tasse) de maïs surgelé

200 g (environ 500 ml) de rotinis de type Smart

300 g (environ ¾ lb) de poulet cuit effiloché

10 ml (2 c. à t.) de paprika fumé, doux

5 ml (1 c. à t.) de cumin moulu

Au goût, sel et poivre

POUR LA GARNITURE

180 ml (¾ tasse) de fromage tex-mex râpé

125 ml (½ tasse) de crème sure légère

125 ml (½ tasse) de coriandre fraîche, hachée

PRÉPARATION

Dans une grande casserole, faire chauffer l'huile.

Ajouter l'oignon et les poivrons. Faire cuire environ 2 minutes ou jusqu'à ce que l'oignon soit doré.

Ajouter le reste des ingrédients sauf ceux de la garniture. Porter à ébullition et réduire à feu moyen. Cuire environ 15 minutes ou jusqu'à ce que les pâtes soient *al dente*, en remuant régulièrement pendant la cuisson.

Garnir de fromage, de crème sure et de coriandre au moment de servir.

Note : *Si le liquide s'évapore trop rapidement, baisser légèrement le feu et ajouter un peu de liquide.*

VARIANTE

Vous pouvez remplacer le poulet par des cubes de tofu.

NUTRI-NOTE

Un plat de pâtes extra-riche en protéines ? Oui, c'est possible ! Avec 44 g de protéines par portion, cette fiesta mexicaine aura de quoi rassasier le plus affamé des ados, en plus d'être une excellente source de fibres. On peut aussi servir les pâtes avec une salade de maïs, poivrons rouges, lime et coriandre !

FUSILLI
EDAMAMES ET KALE

| 6 | 15 min | 10 min | oui |

INGRÉDIENTS

375 g de fusillis multigrains

500 ml (2 tasses) d'edamames surgelés, sans la cosse

1 boîte (796 ml) de tomates en dés et leur jus, sans sel ajouté

1 L (4 tasses) de kale, haché finement

3 gousses d'ail, hachées

750 ml (3 tasses) de bouillon de légumes à teneur réduite en sodium

30 ml (2 c. à s.) de menthe fraîche, hachée

30 ml (2 c. à s.) de basilic frais, haché

Au goût, sel et poivre

POUR LA GARNITURE

125 ml (½ tasse) de ricotta légère

125 ml (½ tasse) de tomates séchées, hachées finement

PRÉPARATION

Déposer tous les ingrédients dans une grande casserole à fond épais, sauf la garniture. Porter à ébullition et réduire à feu moyen. Cuire environ 7 minutes ou jusqu'à ce que les pâtes soient *al dente*, en remuant régulièrement pendant la cuisson.

Garnir de ricotta et de tomates séchées au moment de servir.

Note: *Si le liquide s'évapore trop rapidement, baisser légèrement le feu et ajouter un peu de bouillon.*

VARIANTE

Remplacer les fèves d'edamame par du sans-viande haché.

NUTRI-NOTE

Ce repas végé comble près de la moitié de nos besoins quotidiens en fer – impressionnant pour un plat qui ne contient pas de viande ! En utilisant des pâtes de grains entiers, on augmente considérablement la teneur en fibres de cette recette.

LASAGNE ITALIENNE

| 4 | 10 min | 32 min | oui |

INGRÉDIENTS

450 g (1 lb) de bœuf haché extra maigre

1 oignon, haché finement

1 courgette, coupée en rondelles de 1 cm (environ ½ po) d'épaisseur

1 contenant (227 g) de champignons blancs, coupés en quartiers

1 poivron jaune, coupé en dés

2 gousses d'ail, hachées finement

2 boîtes (298 ml chacune) de sauce tomate, sans sel ajouté

1 boîte (796 ml) de tomates en dés et leur jus, sans sel ajouté

200 g de lasagnes cassées grossièrement (environ 8 pâtes sèches à lasagne)

15 ml (1 c. à s.) de feuilles d'origan séchées

Au goût, sel et poivre

POUR LA GARNITURE

250 ml (1 tasse) de mozzarella légère, râpée

125 ml (½ tasse) de basilic frais, haché finement

PRÉPARATION

Dans une grande casserole antiadhésive, cuire le bœuf haché à feu moyen-vif pendant 5 minutes ou jusqu'à ce qu'il soit doré.

Ajouter l'oignon, cuire 2 minutes, puis mettre la courgette, les champignons et le poivron, et cuire 5 minutes ou jusqu'à ce que les légumes soient légèrement dorés.

Ajouter le reste des ingrédients, sauf ceux de la garniture. Porter à ébullition. Réduire le feu et laisser mijoter environ 20 minutes à découvert ou jusqu'à ce que les pâtes soient *al dente*, en remuant régulièrement pendant la cuisson.

Garnir de mozzarella et de basilic au moment de servir.

Note: *Si le liquide s'évapore trop rapidement, baisser légèrement le feu et ajouter un peu d'eau ou de bouillon.*

VARIANTE

Remplacer les champignons par un poivron supplémentaire.

NUTRI-NOTE

Vous aimez la lasagne, mais vous n'avez pas envie de passer des heures en cuisine? Cette recette est pour vous! Débordante de légumes, elle est moins grasse, moins salée et beaucoup plus nutritive qu'une lasagne du commerce.

NOUILLES SOBA, POULET ET GINGEMBRE

| 4 | 10 min | 10 min | oui |

INGRÉDIENTS

15 ml (1 c. à s.) d'huile d'olive

450 g (1 lb) de poitrines de poulet, coupées en cubes

2 poivrons rouges, hachés finement

6 oignons verts, tranchés

227 g (environ 3 tasses) de pois mange-tout

750 ml (3 tasses) de bouillon de poulet à teneur réduite en sodium

200 g de nouilles soba

45 ml (3 c. à s.) de sauce soya à teneur réduite en sodium

30 ml (2 c. à s.) de vinaigre de riz

15 ml (1 c. à s.) de miel liquide

30 ml (2 c. à s.) de gingembre frais, haché finement

Au goût, sel et poivre

POUR LA GARNITURE

125 ml (½ tasse) de persil frais, haché

PRÉPARATION

Dans une grande casserole, à feu moyen-vif, faire chauffer l'huile et cuire le poulet 5 minutes.

Incorporer tous les autres ingrédients, sauf ceux de la garniture, et porter à ébullition. Cuire à feu moyen en remuant régulièrement pendant 5 minutes, ou jusqu'à ce que les pâtes soient *al dente*.

Garnir de persil frais au moment de servir.

Note: L'absorption du liquide par les nouilles soba varie d'une marque à l'autre. N'hésitez pas à en ajouter au besoin.

VARIANTE

Remplacer les nouilles soba par des pâtes courtes de type Smart.

NUTRI-NOTE

Les nouilles soba sont certainement à découvrir pour insuffler de l'originalité dans vos repas de pâtes! On les apprécie particulièrement pour le bon goût de sarrasin et pour leur source de protéines. À l'épicerie, elles se trouvent habituellement dans la section des mets asiatiques.

MACARONI TANDOORI

| 4 | 15 min | 20 min | oui |

INGRÉDIENTS

15 ml (1 c. à s.) d'huile de canola

1 oignon, haché

2 branches de céleri, hachées

30 ml (2 c. à s.) de gingembre frais, finement haché

15 ml (1 c. à s.) de paprika fumé

750 ml (3 tasses) de bouillon de légumes à teneur réduite en sodium

30 ml (2 c. à s.) de pâte de cari tandoori

200 g de macaronis de type Smart

1 boîte (540 ml) de haricots noirs, rincés et égouttés

Au goût, sel et poivre

1 emballage (650 g) de haricots verts surgelés

POUR LA GARNITURE

125 ml (½ tasse) de crème sure légère

250 ml (1 tasse) de roquette

PRÉPARATION

Dans une grande casserole, faire chauffer l'huile.

Faire dorer l'oignon et le céleri environ 2 minutes ou jusqu'à ce que l'oignon soit légèrement doré.

Ajouter le gingembre et le paprika fumé, faire revenir environ 30 secondes en remuant constamment.

Ajouter le reste des ingrédients, sauf les haricots verts et la garniture. Porter à ébullition. Baisser à feu moyen et cuire en remuant régulièrement pendant 13 minutes ou jusqu'à ce que les pâtes soient *al dente*.

Ajouter les haricots verts et faire cuire environ 5 minutes ou jusqu'à ce qu'ils soient cuits.

Garnir de crème sure et de roquette.

Note: *Si le liquide s'évapore trop rapidement, baisser légèrement le feu et ajouter un peu de bouillon.*

VARIANTE

Remplacer les haricots noirs par des pois chiches ou bien encore par du poulet effiloché.

NUTRI-NOTE

Les saveurs indiennes de ces macaronis tandoori séduiront certainement vos papilles ! Avec seulement 1,5 g de gras par portion, cette recette est considérablement moins grasse qu'un plat de poulet au beurre traditionnel.

FLÉTAN ET SALSA FRUITÉE

| 6 | 30 min | 17 min | oui |

INGRÉDIENTS

720 g de flétan, coupé en cubes

1 lime (zeste)

15 ml (1 c. à s.) d'huile d'olive

375 g de pennes rigates de type Smart

POUR LA SALSA

2 tomates italiennes, coupées en cubes

1 poivron rouge, haché finement

250 ml (1 tasse) de haricots verts, coupés en petits tronçons

1 petit oignon, haché

1 mangue ataulfo, coupée en dés

1 piment jalapeno, épépiné et haché

1 lime (jus)

Au goût, sel et poivre

POUR LA GARNITURE

125 ml (½ tasse) de coriandre fraîche, finement hachée

PRÉPARATION

Dans une grande casserole, à feu moyen-vif, faire chauffer l'huile et cuire le poisson 1 minute de chaque côté.

Saupoudrer de zeste de lime pendant la cuisson. Retirer de la casserole et réserver au chaud.

Dans la même casserole, mettre les pâtes et les ingrédients de la salsa, mais pas ceux de la garniture. Porter à ébullition. Baisser à feu moyen et cuire, en remuant souvent, pendant 15 minutes ou jusqu'à ce que les pâtes soient *al dente*. Incorporer délicatement le poisson.

Garnir de coriandre au moment de servir.

Note : *Si le liquide s'évapore trop rapidement, baisser légèrement le feu et ajouter un peu de jus de légumes, de bouillon de légumes ou d'eau.*

VARIANTE

Remplacer le flétan par le thon ou la morue.

NUTRI-NOTE

Le flétan est un poisson blanc qui gagne à être connu, car il est une très bonne source de protéines et contient peu de gras, en plus d'être l'un des poissons blancs qui contient le plus d'oméga-3 par portion. On apprécie aussi cette recette pour son apport substantiel en fibres.

SPAGHETTI SAUCE À LA VIANDE

4	15 min	20 min	oui

INGRÉDIENTS

450 g (1 lb) de veau haché maigre

1 oignon, haché finement

3 branches de céleri, hachées finement

3 grosses carottes, râpées grossièrement

30 ml (2 c. à s.) de basilic séché

1 boîte (796 ml) de tomates en dés et leur jus, sans sel ajouté

2 boîtes de 398 ml chacune de sauce tomate, sans sel ajouté

250 ml (1 tasse) d'eau

200 g (½ lb) de spaghettis cassés en moitiés

Au goût, sel et poivre

POUR LA GARNITURE

125 ml (½ tasse) de fromage romano en copeaux

PRÉPARATION

Dans une grande casserole à fond épais, cuire le veau, l'oignon et le céleri pendant 5 minutes ou jusqu'à ce que les aliments soient dorés.

Ajouter les autres ingrédients, sauf ceux de la garniture. Porter à ébullition et faire cuire à découvert pendant 15 minutes ou jusqu'à ce que les pâtes soient *al dente*. Remuer régulièrement pendant la cuisson.

Garnir de copeaux de romano et servir avec une salade en accompagnement.

Note : *Si le liquide s'évapore trop rapidement, baisser légèrement le feu et ajouter un peu d'eau.*

VARIANTE

Remplacer le veau par du tofu râpé ou du sans-viande haché.

NUTRI-NOTE

Un plat réconfortant, facile à faire et adaptable selon les légumes que vous avez sous la main ! On utilise du veau haché, une viande plus maigre que le bœuf haché, ce qui permet de réduire la teneur en gras de ce classique.

PAËLLA

6 | **15** min | **12** min | oui

INGRÉDIENTS

450 g (1 lb) d'orzo

225 g (½ lb) de petites crevettes crues, décortiquées

225 g (½ lb) de moules fraîches

225 g (½ lb) de poisson blanc au choix, coupé en gros morceaux

8 oignons verts, hachés

3 gousses d'ail, hachées

1 boîte (796 ml) de tomates en dés et leur jus, sans sel ajouté

1 L (4 tasses) de bouillon de poulet à teneur réduite en sodium

2,5 ml (½ c. à t.) de piment de Cayenne

Au goût, sel et poivre

POUR LA GARNITURE

125 ml (½ tasse) de coriandre fraîche, hachée

PRÉPARATION

Dans une grande casserole, déposer tous les ingrédients, sauf ceux de la garniture, et porter à ébullition. Cuire à feu moyen en remuant régulièrement pendant 12 minutes ou jusqu'à ce que les pâtes soient *al dente*.

Garnir de coriandre fraîche et servir avec une salade.

Note: *Si le liquide s'évapore trop rapidement, baisser légèrement le feu et ajouter un peu de bouillon.*

VARIANTE

Remplacer les fruits de mer par du porc ou du poulet.

NUTRI-NOTE

Traditionnellement cuisinée avec du riz, cette recette est ici réinventée avec de l'orzo et c'est presque à s'y méprendre ! Les amateurs de fruits de mer seront comblés d'apprendre qu'une portion de cette paëlla est une excellente source de protéines et de fer, tout en étant faible en gras.

TAGLIATELLE PORC ET MIEL

| 4 | 15 min | 18 min | oui |

INGRÉDIENTS

15 ml (1 c. à s.) d'huile d'olive

454 g (1 lb) de filet de porc, coupé en cubes de 2 cm (environ 1 po)

1 petit oignon rouge, coupé en lanières

2 poivrons rouges, coupés en lanières

2 poivrons verts, coupés en lanières

3 petites gousses d'ail, hachées finement

1 L (4 tasses) de bouillon de poulet à teneur réduite en sodium

15 ml (1 c. à s.) de miel liquide

15 ml (1 c. à s.) de 5 épices chinoises

200 g (environ ½ lb) de tagliatelles

227 g (environ 3 tasses) de pois mange-tout, coupés en trois

Au goût, sel et poivre

PRÉPARATION

Dans une grande casserole, à feu moyen-vif, faire chauffer l'huile et cuire le porc pendant 5 minutes.

Ajouter l'oignon et cuire 2 minutes ou jusqu'à ce qu'il soit doré.

Ajouter les poivrons et l'ail. Cuire 3 minutes en remuant constamment.

Ajouter le bouillon de poulet, le miel, les épices, les tagliatelles, les pois mange-tout, le sel et le poivre. Porter à ébullition. Baisser à feu moyen. Cuire pendant 7 à 8 minutes ou jusqu'à ce que les pâtes soient *al dente*. Remuer régulièrement durant la cuisson.

Note : *Si le liquide s'évapore trop rapidement, baisser légèrement le feu et ajouter un peu de bouillon.*

VARIANTE

Remplacer les poivrons par des courgettes coupées en rondelles de 1 cm (½ po) d'épaisseur, ou des champignons coupés en gros morceaux.

NUTRI-NOTE

Cette combinaison de sucré-salé fera certainement plaisir aux palais les plus exigeants. De plus, une portion de ces tagliatelles est une excellente source de protéines et de fer grâce à l'ajout du porc.

VERMICELLES DE RIZ AUX CREVETTES

| 4 | 10 min | 7 min | oui |

INGRÉDIENTS

30 ml (2 c. à s.) d'huile de canola

450 g (1 lb) de crevettes de calibre 20-40, déveinées et décortiquées

8 oignons verts, ciselés

2 gousses d'ail, hachées finement

1 boîte (227 ml) de châtaignes d'eau tranchées

1 poivron rouge, coupé en petits cubes

750 ml (3 tasses) de bouillon de légumes à teneur réduite en sodium

200 g (environ ½ lb) de vermicelles de riz

30 ml (2 c. à s.) de sauce tamari à teneur réduite en sodium

30 ml (2 c. à s.) de miel liquide

5 ml (1 c. à t.) de sambal oelek

2,5 ml (½ c. à t.) de poivre du moulin

4 bok choys, coupés en 2

POUR LA GARNITURE

125 ml (½ tasse) de coriandre fraîche, hachée finement

60 ml (¼ tasse) d'arachides, hachées grossièrement

PRÉPARATION

Déposer tous les ingrédients dans une grande casserole, sauf ceux de la garniture et les bok choys.
Porter à ébullition.
Cuire à feu moyen, en remuant régulièrement pendant 4 minutes ou jusqu'à ce que les vermicelles soient cuits.

Ajouter les bok choys et cuire 3 minutes de plus ou jusqu'à ce qu'ils soient tendres.

Garnir de coriandre fraîche et d'arachides au moment de servir.

Note : *Si le liquide s'évapore trop rapidement, baisser légèrement le feu et ajouter un peu de bouillon.*

VARIANTE

Remplacer les crevettes par du poulet ou du tofu.

NUTRI-NOTE

La sauce tamari, à la différence de la sauce soya, ne contient pas de blé, donc pas de gluten. On apprécie aussi les châtaignes d'eau qui ajoutent une belle texture croquante à la recette.

NOS PETITES DOUCEURS

Qui n'aime pas les desserts? On vous propose dans cette section des galettes, biscuits, muffins, barres de céréales et boules d'énergie qui sont plus nutritifs que la majorité des desserts et collations du commerce. On a même ajouté une recette de crêpes qui apportent plus de protéines que les crêpes traditionnelles!

GALETTES CHOCO-BANANE

24 grosses galettes	**15** min	**8** à **10** min	oui

INGRÉDIENTS

1 boîte (540 ml) de pois chiches, rincés et égouttés

2 petites bananes mûres

2 œufs

30 ml (2 c. à s.) de sirop d'érable

10 ml (2 c. à t.) d'extrait de vanille

310 ml (1¼ tasse) de gros flocons d'avoine

310 ml (1¼ tasse) de farine de blé entier

2,5 ml (½ c. à t.) de sel

125 ml (½ tasse) de noix de Grenoble, hachées

125 ml (½ tasse) de mini pépites de chocolat

PRÉPARATION

Préchauffer le four à 180 °C (350 °F). Tapisser une plaque à biscuits de papier parchemin. Réserver.

Au robot culinaire, réduire en purée très lisse les pois chiches et les bananes. Verser ce mélange dans un grand bol.

Ajouter les œufs, le sirop d'érable, la vanille, l'avoine, la farine, le sel, les noix de Grenoble et les pépites de chocolat. Mélanger.

Former des boules de pâte d'environ 30 ml (2 c. à s.) et les placer sur la plaque à biscuits. Cuire au four de 10 à 12 minutes.

VARIANTE

Dans les cas où les écoles interdisent les noix et les arachides, remplacer les noix de Grenoble par des pois chiches rôtis hachés au couteau ou tout simplement omettre les noix de Grenoble.

NUTRI-NOTE

Des pois chiches dans une recette de biscuits ? Oui, vous avez bien lu ! Ces légumineuses au goût neutre remplacent la farine dans cette recette de galettes, et par le fait même augmentent leur teneur en fibres et en protéines.

BARRES TENDRES CHOCO-COCO

| **12** barres | **20** min | aucune | oui |

INGRÉDIENTS

125 ml (½ tasse) d'amandes entières, rôties à sec, non salées

250 ml (1 tasse) de flocons d'avoine instantanés

125 ml (½ tasse) de noix de coco râpée, non sucrée

5 ml (1 c. à t.) de sel

125 ml (½ tasse) d'huile de noix de coco

125 ml (½ tasse) de mini pépites de chocolat

250 ml (1 tasse) de purée de dattes*

Au goût, croustilles de noix de coco

PRÉPARATION

Tapisser un moule carré de 23 x 23 cm (9 x 9 po) de papier parchemin. Réserver.

Dans le contenant d'un robot culinaire, mettre les amandes rôties et broyer jusqu'à l'obtention de très petits morceaux. Verser les amandes dans un grand bol.

Ajouter les flocons d'avoine, la noix de coco et le sel. Mélanger. Réserver.

Faire fondre l'huile de noix de coco au four à micro-ondes. Ajouter les pépites de chocolat et la purée de dattes. Bien mélanger pour faire fondre les pépites de chocolat. Incorporer aux ingrédients secs pour obtenir un mélange homogène.

Verser la préparation dans le moule. Répartir uniformément et presser avec le dos d'une cuillère. Garnir des croustilles de noix de coco. Mettre au frigo quelques heures pour faire durcir la préparation, ou congeler 1 heure avant de couper en 12 barres. Pour une texture optimale, conserver au réfrigérateur dans un contenant hermétique.

* Pour faire la purée de dattes : *mettre environ 10 dattes dénoyautées et 80 ml d'eau dans un robot culinaire. Broyer jusqu'à obtention d'une texture lisse. Ajouter plus de dattes si nécessaire pour obtenir 250 ml (1 tasse) de purée.*

VARIANTE

Dans les cas où les écoles interdisent les noix et les arachides, remplacer les amandes par des graines de tournesol et les hacher au couteau.

NUTRI-NOTE

Ces barres tendres sans sucres ajoutés sont naturellement sucrées grâce à la purée de dattes. Ces fruits séchés sont aussi une source intéressante de fibres. Délicieuses à toute heure du jour, ces barres tendres sont tout particulièrement désignées pour les sportifs.

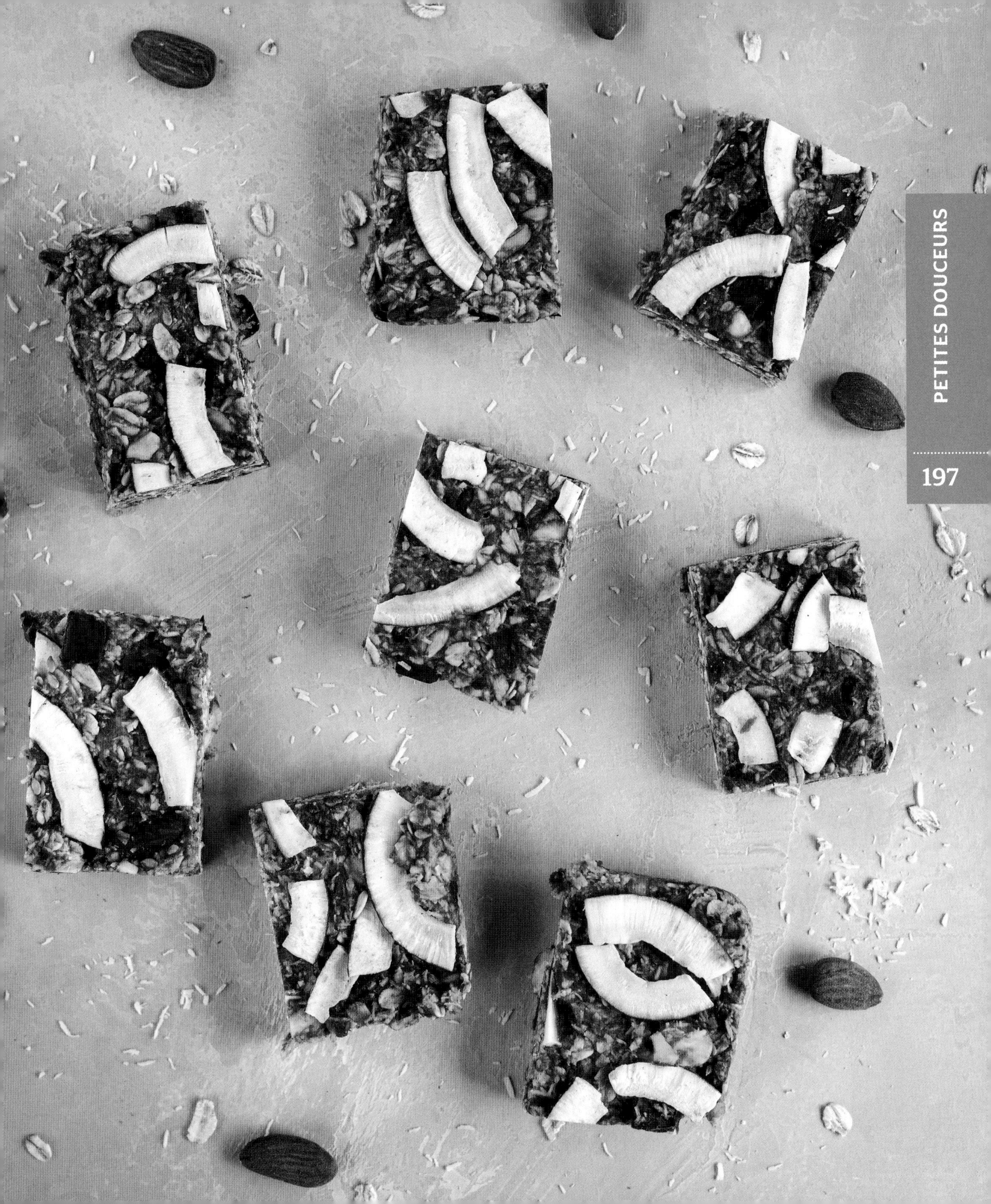

MUFFINS À LA CITROUILLE

12 gros muffins | **15** min | **20** min | oui

INGRÉDIENTS

45 ml (3 c. à s.) de beurre à la température de la pièce

80 ml (⅓ tasse) de cassonade tassée

250 ml (1 tasse) de purée de citrouille

2 œufs

125 ml (½ tasse) de compote de pomme, sans sucre ajouté

10 ml (2 c. à t.) d'extrait de vanille

500 ml (2 tasses) de farine de blé entier

125 ml (½ tasse) de graines de lin moulues

125 ml (½ tasse) de graines de chanvre

15 ml (1 c. à s.) de poudre à pâte

15 ml (1 c. à s.) de cannelle moulue

10 ml (2 c. à t.) de muscade moulue

125 ml (½ tasse) de pépites de chocolat

125 ml (½ tasse) de graines de citrouille

PRÉPARATION

Préchauffer le four à 200 °C (400 °F). Tapisser un moule à muffins de 12 moules en papier. Réserver.

Dans un grand bol, mettre le beurre et la cassonade. Mélanger à l'aide d'une fourchette ou d'un fouet.

Ajouter la purée de citrouille, les œufs, la compote de pomme et la vanille. Ajouter la farine, les graines de lin moulues, les graines de chanvre, la poudre à pâte, la cannelle et la muscade. Bien mélanger.

Incorporer les pépites de chocolat et les graines de citrouille.

Répartir le mélange dans le moule à muffins. Ajouter quelques graines de citrouille sur le dessus des muffins pour décorer (facultatif). Cuire au four 20 minutes.

VARIANTE

Pain à la citrouille. Remplacer le moule à muffins par un moule à pain et ajouter 10 à 15 minutes de cuisson.

NUTRI-NOTE

Une recette de muffins riche en protéines ? On aime ! Parfaits après le sport, en collation ou comme déjeuner sur le pouce, ces muffins sont aussi une excellente source de fibres.

BOUCHÉES CHOCOLATÉES PROTÉINÉES

24 bouchées

10 min

10 min

oui

INGRÉDIENTS

4 blancs d'œufs	
80 ml (⅓ tasse) de miel liquide	
250 ml (1 tasse) de poudre d'amande	
60 ml (¼ tasse) de poudre de grillons	
60 ml (¼ tasse) de cassonade	
60 ml (¼ tasse) de poudre de cacao	
1 ml (¼ c. à t.) de cardamome moulue	
2 ml (½ c. à t.) de cannelle moulue	
24 pacanes entières	

PRÉPARATION

Préchauffer le four à 230 °C (450 °F). Tapisser un moule à mini muffins de 24 mini moules en papier. Réserver.

Dans un grand bol, mélanger les blancs d'œufs et le miel.

Ajouter la poudre d'amande, la poudre de grillons, la cassonade, la poudre de cacao, la cardamome et la cannelle. Mélanger.

Verser la préparation dans le moule à muffins tapissé. Déposer une pacane sur le dessus de chaque muffin.

Cuire au four 8 à 10 minutes ou jusqu'à ce qu'un cure-dents inséré au centre d'un muffin en ressorte propre. Laisser refroidir 15 minutes.

VARIANTE

Remplacer la poudre de grillons par de la poudre de lait écrémé.

NUTRI-NOTE

On ose ici avec la poudre de grillons, un produit qui gagne en popularité ! Riches en protéines, apportant fibres, calcium et fer, les grillons ont la cote en alimentation. Ces bouchées chocolatées aux insectes feront la curiosité de vos enfants. Prêts à oser ?

BOULES D'ÉNERGIE AU BEURRE DE SOYA

24 boules	**15** min	aucune	oui

INGRÉDIENTS

45 ml (3 c. à s.) de graines de chia

125 ml (½ tasse) d'eau

180 ml (¾ tasse) de beurre de soya

60 ml (¼ tasse) de miel liquide

10 ml (2 c. à t.) d'extrait de vanille

250 ml (1 tasse) de flocons d'avoine instantanés

125 ml (½ tasse) de noix de coco râpée, non sucrée

125 ml (½ tasse) de pépites de chocolat

PRÉPARATION

Dans un petit bol, mettre les graines de chia et l'eau. Laisser reposer pendant 10 minutes. Réserver.

Pendant ce temps, dans un grand bol, mélanger le beurre de soya, le miel et la vanille.

Ajouter les flocons d'avoine, la noix de coco, le chocolat ainsi que le mélange d'eau et de graine de chia. Bien mélanger.

Rouler 15 ml (1 c. à s.) de mélange entre les paumes de la main pour former 24 petites boules d'environ 2,5 cm (1 po) de diamètre. Pour une texture optimale, conserver au réfrigérateur dans un contenant hermétique.

VARIANTE

Les graines de chia se trouvent en différentes couleurs, amusez-vous à les varier.

NUTRI-NOTE

Ces boules d'énergie se glissent sans crainte dans la boîte à lunch des enfants, puisqu'elles sont confectionnées à partir de beurre de soya ! Il rappelle le beurre d'arachide par son goût et sa valeur nutritive.

MUFFINS POIRE-CHOCOLAT

10 gros muffins	**15** min	**20** min	oui

INGRÉDIENTS

375 ml (1½ tasse) de farine de blé entier

5 ml (1 c. à t.) de bicarbonate de soude

5 ml (1 c. à t.) de poudre à pâte

5 ml (1 c. à t.) de sel

80 ml (⅓ tasse) de cassonade tassée

2 poires mûres

10 ml (2 c. à t.) d'extrait de vanille

2 œufs

45 ml (3 c. à s.) de yogourt grec nature

125 ml (½ tasse) de pépites de chocolat

PRÉPARATION

Préchauffer le four à 200 °C (400 °F). Tapisser un moule à muffins de 10 moules en papier. Réserver.

Dans un grand bol, mettre la farine, le bicarbonate de soude, la poudre à pâte, le sel et la cassonade. Mélanger et réserver.

Dans le contenant d'un robot culinaire, mettre 1½ poire (sans le cœur) et broyer jusqu'à l'obtention d'une purée. Réserver. Couper la moitié de poire restante en petits dés et réserver.

Dans le bol contenant les ingrédients secs, ajouter la compote de poire, les dés de poire, la vanille, les œufs, le yogourt et les pépites de chocolat. Bien mélanger.

Répartir le mélange dans le moule à muffins. Cuire au four 20 minutes.

VARIANTE

Remplacer les poires par des bananes et les mettre en purée à l'aide d'une fourchette ou d'un pilon à pommes de terre.

NUTRI-NOTE

La purée de poire donne non seulement un goût délicieux à cette recette, mais elle permet aussi d'omettre les matières grasses sans compromettre la texture. Moelleux, faibles en gras, riches en fibres et en protéines, ces muffins deviendront certainement un indispensable dans votre boîte à lunch !

CRÊPES BANANES ET YOGOURT GREC

| 12 crêpes | 10 min | 15 min | oui |

INGRÉDIENTS

2 petites bananes mûres

125 ml (½ tasse) de yogourt grec nature

2 œufs

250 ml (1 tasse) de lait

250 ml (1 tasse) de farine de blé entier

Quantité suffisante d'huile en aérosol

PRÉPARATION

Dans un grand bol, écraser les bananes à l'aide d'un pilon à pommes de terre ou d'une fourchette jusqu'à l'obtention d'une purée.

Ajouter le yogourt, les œufs et le lait. Mélanger.

Ajouter la farine. Bien mélanger.

Faire chauffer une poêle à feu moyen. Une fois chaude, vaporiser avec de l'huile en aérosol. Verser environ 60 ml (¼ tasse) de la préparation au centre de la poêle et étaler légèrement à l'aide d'une cuillère. Faire cuire environ 2 minutes de chaque côté et retirer de la poêle. Réserver au chaud. Continuer ainsi avec le reste de la préparation.

VARIANTE

Ajouter le zeste d'une orange.

NUTRI-NOTE

Ces crêpes sont idéales pour un petit déjeuner nutritif et amusant! Elles sont sucrées naturellement avec les bananes et contiennent plus de protéines que les crêpes traditionnelles grâce au yogourt grec. Garnissez-les de fruits et de plus de yogourt grec pour un petit déjeuner complet.

MUFFINS FRAMBOISES ET CHOCOLAT BLANC

| 12 gros muffins | 15 min | 20 min | oui |

INGRÉDIENTS

125 ml (½ tasse) de beurre à la température de la pièce	
80 ml (⅓ tasse) de cassonade tassée	
2 œufs	
45 ml (3 c. à s.) de yogourt grec nature	
10 ml (2 c. à t.) d'extrait de vanille	
500 ml (2 tasses) de farine de blé entier	
15 ml (1 c. à s.) de poudre à pâte	
5 ml (1 c. à t.) de sel	
250 ml (1 tasse) de framboises surgelées	
125 ml (½ tasse) d'amandes effilées	
125 ml (½ tasse) de pépites de chocolat blanc	

PRÉPARATION

*Préchauffer le four à 200 °C (400 °F).
Tapisser un moule à muffins de
12 moules en papier. Réserver.*

Dans un grand bol, mettre le beurre
et la cassonade. Mélanger à l'aide
d'une fourchette ou d'un fouet.

Ajouter les œufs, le yogourt
et la vanille. Mélanger.

Ajouter la farine, la poudre à pâte
et le sel, et bien mélanger.

Incorporer délicatement les framboises,
les amandes et le chocolat blanc.

*Répartir le mélange dans le moule à muffins.
Cuire au four 20 minutes.*

VARIANTE

Dans les cas où les écoles
interdisent les noix et
les arachides, remplacer
les amandes par des
graines de citrouille.

NUTRI-NOTE

On se gâte avec un muffin
qui marie les saveurs de
framboise, de chocolat
blanc et d'amandes. Pour
une recette plus riche en
fibres et plus nutritive,
on utilise de la farine de
blé entier sans toutefois
bouder son plaisir gustatif!

PETITS CARRÉS AUX FRUITS

| **16** petits carrés | **25** min | **50** min | oui |

INGRÉDIENTS

PRÉPARATION

Préchauffer le four à 180 °C (350 °F). Tapisser un moule carré de 23 x 23 cm (9 x 9 po) de papier parchemin. Réserver.

250 ml (1 tasse) de bleuets surgelés

375 ml (1½ tasse) de framboises surgelées

250 ml (1 tasse) d'eau

Dans un bol allant au four à micro-ondes, mettre les bleuets, les framboises et l'eau. Cuire au four à micro-ondes 1 minute, ou jusqu'à ce que les fruits soient décongelés.

30 ml (2 c. à s.) de miel liquide

45 ml (3 c. à s.) de graines de chia

Ajouter le miel, les graines de chia et bien mélanger. Laisser reposer 10 minutes. Réserver.

500 ml (2 tasses) de gros flocons d'avoine

125 ml (½ tasse) de farine de blé entier

125 ml (½ tasse) de graines de chanvre

125 ml (½ tasse) de graines de lin moulues

125 ml (½ tasse) de cassonade tassée

Pendant ce temps, dans un grand bol, mettre les flocons d'avoine, la farine, les graines de chanvre, les graines de lin et la cassonade. Mélanger.

180 ml (¾ tasse) de beurre fondu

Ajouter le beurre fondu et mélanger.

Verser la moitié de la préparation dans le fond du moule et presser avec le dos d'une cuillère pour former une croûte. Verser le mélange de fruits sur la croûte et répartir uniformément à l'aide d'une cuillère. Ajouter le reste du mélange de farine et de graines sur la préparation aux fruits. Répartir uniformément. Cuire au four 50 minutes.

VARIANTE

Remplacer les framboises par de la rhubarbe coupée en petits morceaux.

NUTRI-NOTE

Lorsque mélangées avec un liquide, les graines de chia prennent une texture gélatineuse : une façon rapide de faire une confiture maison sans cuisson ! On exploite cette propriété des graines de chia dans ces carrés aux fruits, tout en profitant des oméga-3 et des fibres qu'elles contiennent.

BARRES VITALITÉ

16 barres | **10** min | **20** min | oui

INGRÉDIENTS

250 ml (1 tasse) de dattes dénoyautées

125 ml (½ tasse) d'eau

250 ml (1 tasse) de gros flocons d'avoine

250 ml (1 tasse) de graines de citrouille non salées

250 ml (1 tasse) de graines de tournesol non salées

60 ml (¼ tasse) de quinoa non cuit

60 ml (¼ tasse) de graines de chia

125 ml (½ tasse) d'abricots séchés, hachés finement

125 ml (½ tasse) de canneberges séchées

125 ml (½ tasse) de beurre d'arachide

2 œufs

PRÉPARATION

*Préchauffer le four à 180 °C (350 °F).
Tapisser un moule carré de 23 x 23 cm
(9 x 9 po) de papier parchemin qui dépasse
de chaque côté du moule. Réserver.*

Dans une casserole à feu moyen-doux, faire cuire les dattes avec l'eau en remuant constamment jusqu'à ce qu'elles soient en purée. Réserver.

Dans un grand bol, mettre la purée de dattes, les flocons d'avoine, les graines de citrouille, les graines de tournesol, le quinoa, les graines de chia, les abricots, les canneberges, le beurre d'arachide et les œufs. Mélanger.

*Verser le mélange dans le moule, le répartir et le presser à l'aide d'une cuillère.
Cuire au four 20 minutes. Laisser refroidir complètement avant de démouler. Couper en 16 barres. Conserver au réfrigérateur dans un contenant hermétique.*

VARIANTE

Afin de pouvoir glisser ces barres dans la boîte à lunch, remplacer le beurre d'arachide par du beurre de soya.

NUTRI-NOTE

Ces barres tendres nutritives sont non seulement sans sucres ajoutés, mais elles sont aussi riches en fibres et en protéines ! Grâce aux abricots séchés et à l'avoine, notamment, ces barres tendres sont aussi une bonne source de fer. Leur goût fruité plaira non seulement aux sportifs, mais aussi aux plus gourmands !

GRANOLA À L'ABRICOT

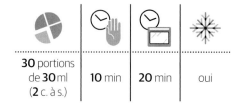

30 portions de **30** ml (**2** c. à s.) | **10** min | **20** min | oui

INGRÉDIENTS

250 ml (1 tasse) de gros flocons d'avoine

125 ml (½ tasse) de graines de chanvre

125 ml (½ tasse) de noix de Grenoble, hachées grossièrement

125 ml (½ tasse) de pacanes, hachées grossièrement

125 ml (½ tasse) d'amandes effilées

180 ml (¾ tasse) d'abricots séchés, coupés en dés

80 ml (⅓ tasse) de sirop d'érable

PRÉPARATION

Préchauffer le four à 180 °C (350 °F). Tapisser une plaque à biscuits de papier parchemin. Réserver.

Dans un grand bol, mettre les flocons d'avoine, les graines de chanvre, les noix de Grenoble, les pacanes, les amandes et les abricots et le sirop d'érable. Bien mélanger.

Verser sur la plaque à biscuits et étaler en couche uniforme à l'aide d'une cuillère. Cuire 20 minutes, ou jusqu'à ce que les noix et l'avoine soient légèrement dorées. Laisser refroidir. Casser le granola en petits morceaux. Conserver dans un contenant hermétique.

VARIANTE

En variant les noix et les fruits séchés de cette recette, il est facile de créer un granola maison différent chaque fois! Voici quelques exemples :

Noix : pistaches, noisettes, noix de cajou, noix du Brésil, noix de macadam, amandes, noix de Grenoble, pacanes, graines de tournesol, graines de citrouille, etc.

Fruits séchés : canneberges, raisins secs, figues, bleuets, dattes, abricots, ananas, mangues, etc.

NUTRI-NOTE

Les granolas du commerce sont souvent trop riches en gras et en sucres ajoutés. Ce granola maison contient quant à lui de bons gras, grâce aux noix, et seulement 4 g de sucre par portion! On aime l'utiliser pour en saupoudrer le yogourt, en collation, ou pour faire un parfait au yogourt et aux fruits en guise de déjeuner.

BISCUITS ABRICOTS-PACANES

16
biscuits

15 min

10 à **12** min

oui

INGRÉDIENTS

80 ml (⅓ tasse) de beurre à la température de la pièce

125 ml (½ tasse) de cassonade tassée

1 œuf

15 ml (1 c. à s.) d'extrait de vanille

375 ml (1½ tasse) de gros flocons d'avoine

125 ml (½ tasse) de farine de blé entier

10 ml (2 c. à t.) de poudre à pâte

125 ml (½ tasse) d'abricots séchés, coupés en dés

125 ml (½ tasse) de pacanes, hachées grossièrement

PRÉPARATION

Préchauffer le four à 180 °C (350 °F). Tapisser une plaque à biscuits de papier parchemin.

Dans un grand bol, mettre le beurre et la cassonade. Mélanger à l'aide d'une fourchette ou d'un fouet.

Ajouter l'œuf et la vanille. Bien mélanger. Ajouter les flocons d'avoine, la farine, la poudre à pâte, les abricots et les pacanes. Mélanger.

Former des boules de pâte d'environ 30 ml (2 c. à s.) et placer sur la plaque à biscuits. Cuire au four de 10 à 12 minutes.

VARIANTE

Dans les cas où les écoles interdisent les noix et les arachides, remplacer les amandes par des graines de citrouille ou tout simplement les omettre.

NUTRI-NOTE

On revampe le traditionnel biscuit à l'avoine grâce à des pacanes et des abricots. N'hésitez pas à utiliser les noix et les fruits séchés que vous avez sous la main pour confectionner ces biscuits qui plairont assurément à toute la famille !

VALEURS NUTRITIVES

SEMAINE 1

RECETTE	ÉNERGIE (kcal)	PROTÉINES (g)	LIPIDES (g)	GLUCIDES (g)	SUCRES (g)	FIBRES (g)	CALCIUM (% VQ)	FER (% VQ)
PITA ŒUFS-EDAMAMES	330	19	17	24	2	4	8	20
TRUITE MÉDITERRANÉENNE	410	34	12	42	4	7	10	30
CRAQUELINS ET GARNITURE À LA TRUITE[1]	300	24	16	15	1	2	6	15
ESCALOPE DE POULET CARI-COCO	350	33	13	25	3	4	4	15
BAGEL POULET-CARI	320	26	10	32	5	4	6	15
BŒUF À l'ASIATIQUE	520	36	16	57	10	4	6	30
TORTILLA BŒUF-BALSAMIQUE	420	25	20	35	4	4	2	20
COUSCOUS MAROCAIN	560	22	8	100	23	14	15	45
COUSCOUS EN SALADE	380	15	7	65	14	8	8	35
MACARONI AU FROMAGE ET AUX PETITS POIS	530	27	18	66	11	8	50	30

SEMAINE 2

RECETTE	ÉNERGIE (kcal)	PROTÉINES (g)	LIPIDES (g)	GLUCIDES (g)	SUCRES (g)	FIBRES (g)	CALCIUM (% VQ)	FER (% VQ)
ROULEAU DE PRINTEMPS EXPRESS	440	19	24	37	5	5	40	20
TILAPIA TOMATES-BASILIC	470	39	15	44	6	6	6	25
BAGEL TOFU-OLIVES VERTES	280	16	9	34	6	4	10	20
SAUTÉ DE PORC FRUITÉ ET SES LÉGUMES	460	36	8	60	10	4	15	25
TORTILLA AU PORC FRUITÉ	370	26	12	39	7	6	10	25
SAUMON AU PAPRIKA	480	30	11	64	21	7	10	25
TORTILLA ROULÉE AU SAUMON	370	29	14	31	2	4	6	15
CHILI TOUT VÉGÉ[2]	410	23	9	58	14	14	20	45
CHILI EN THERMOS	300	20	5	44	13	13	15	35
CREVETTES AU SÉSAME	460	35	13	51	5	4	10	45

1. Valeur nutritive sans craquelins.
2. Valeur nutritive pour chili et une tortilla.

SEMAINE 3

RECETTE	ÉNERGIE (kcal)	PROTÉINES (g)	LIPIDES (g)	GLUCIDES (g)	SUCRES (g)	FIBRES (g)	CALCIUM (% VQ)	FER (% VQ)
BAGEL MINCE À LA DINDE	380	23	11	47	12	6	6	20
SAUMON À LA CAJUN	560	34	19	64	8	4	4	8
SANDWICH AU SAUMON À LA CAJUN	380	25	18	30	3	4	6	15
POULET AU PAPRIKA FUMÉ ET À l'ÉRABLE	540	45	22	46	23	8	10	50
SANDWICH AU POULET CHIPOTLE	310	21	10	33	5	5	6	15
BŒUF AUX TROIS POIVRONS	530	40	22	43	12	4	30	45
TORTILLA BŒUF-ESTRAGON	360	20	16	33	1	5	10	25
SOUPE-REPAS AU KALE ET AUX HARICOTS BLANCS	310	16	3	55	7	13	20	45
SOUPE EN THERMOS	310	16	3	55	7	13	20	45
PÂTES STYLE LASAGNE «ONE POT MEAL»	570	30	21	66	18	11	30	60

SEMAINE 4

NOM DE LA RECETTE	ÉNERGIE (kcal)	PROTÉINES (g)	LIPIDES (g)	GLUCIDES (g)	SUCRES (g)	FIBRES (g)	CALCIUM (% VQ)	FER (% VQ)
TORTILLA AUX ŒUFS	300	17	16	21	2	3	8	20
HARICOTS BLANCS À l'INDIENNE	440	32	5	67	14	13	15	50
BAGEL POULET-PESTO	300	22	8	35	4	3	8	15
TILAPIA AMANDINE	510	37	15	56	8	8	20	20
BOL BOUDDHA À LA CORIANDRE	480	21	20	55	8	9	15	35
FILET DE PORC À LA TAPENADE	410	34	17	31	5	4	8	20
BAGEL AU PORC ET ORIGAN	350	27	13	32	4	5	8	20
PAD THAÏ AU TOFU	560	31	21	62	13	5	80	40
TORTILLA AU TOFU	330	17	13	35	4	5	8	20
LINGUINE AUX CREVETTES	490	39	11	58	6	9	15	50

VALEURS NUTRITIVES

SEMAINE 5

RECETTE	ÉNERGIE (kcal)	PROTÉINES (g)	LIPIDES (g)	GLUCIDES (g)	SUCRES (g)	FIBRES (g)	CALCIUM (% VQ)	FER (% VQ)
PITA TOFU-CARI	200	11	8	20	1	3	4	15
SAUMON ET QUINOA	490	34	18	49	1	10	8	40
BAGEL SAUMON-ANETH	420	32	18	34	4	3	8	15
FILET DE PORC AUX LÉGUMES RACINES	460	36	5	68	15	5	8	25
TORTILLA PORC-CONCOMBRE	370	26	14	34	2	5	10	25
PÂTES AU POULET ET AU BASILIC	610	57	9	82	20	8	60	35
SANDWICH POULET-TOMATES SÉCHÉES	310	21	10	33	5	4	6	15
SOUPE-REPAS AUX LENTILLES ROUGES	360	26	4	56	12	9	20	50
SOUPE EN THERMOS	360	26	4	56	12	9	20	50
ÉTAGÉ À LA MEXICAINE ET SALADE VERTE	620	36	23	65	7	19	35	60

SEMAINE 6

RECETTE	ÉNERGIE (kcal)	PROTÉINES (g)	LIPIDES (g)	GLUCIDES (g)	SUCRES (g)	FIBRES (g)	CALCIUM (% VQ)	FER (% VQ)
PAIN MINCE AUX ŒUFS	390	21	19	34	5	6	15	30
SAUMON ASIATIQUE	610	19	25	76	24	6	15	30
PAIN MINCE AU SAUMON	460	14	29	35	7	5	10	15
POULET STYLE TIKKA MASALA[3]	419	29	11	54	16	10	20	25
TORTILLA POULET-CARDAMOME	340	27	11	32	2	5	10	20
PORC CHIPOTLE	410	38	8	47	12	4	30	20
TORTILLA PORC-PAPRIKA FUMÉ	460	50	12	39	8	5	25	20
SOUPE-REPAS AUX HARICOTS ROUGES	461	27	16	54	25	8	30	35
SOUPE EN THERMOS	461	27	16	54	25	8	30	35
CREVETTES À LA CAJUN	380	38	14	26	2	2	10	35

3. Valeur nutritive sans haricots ni pain naan.

RECETTES SUPPLÉMENTAIRES

RECETTE	ÉNERGIE (kcal)	PROTÉINES (g)	LIPIDES (g)	GLUCIDES (g)	SUCRES (g)	FIBRES (g)	CALCIUM (% VQ)	FER (% VQ)
HAMBURGERS DE DINDE ET FRITES DE PANAIS	590	30	21	70	25	10	15	30
HAMBURGERS STYLE *CRAB CAKES*	410	28	14	43	9	9	20	25
FETTUCINE ALFREDO	520	29	9	81	3	9	25	40
PAIN DE BŒUF ET DE LENTILLES	270	19	9	28	10	5	4	25
PARMENTIER DE VEAU ET DE PATATES DOUCES	320	19	8	42	9	5	6	10
TORTELLINIS, SAUCE ROSÉE AU TOFU	340	16	11	43	2	4	20	25
FILET D'AIGLEFIN À LA THAÏ	490	39	13	53	3	5	25	50
BŒUF ET SES OIGNONS CARAMÉLISÉS	380	32	9	43	16	5	6	30
SAUMON ET TREMPETTE À l'ANETH	450	33	19	36	2	3	6	10
POULET CRÉMEUX ET ASSAISONNÉ	660	45	17	81	18	6	50	35
PIZZA AU POULET ET AU PESTO	490	29	18	53	2	6	10	25
AIGLEFIN ET SAUCE À l'ESTRAGON	570	41	17	62	6	8	20	35
POULET À l'INDIENNE	580	39	22	57	15	8	15	60
POULET À l'ORANGE SUR CANETTE	170	28	4	6	4	1	2	8
POULET SRIRACHA	430	30	12	50	3	2	10	20
POULET ET COURGE	570	38	16	69	9	5	35	25
FILET DE PORC PACANES-ÉRABLE	350	33	10	32	4	4	6	25
POULET AU BEURRE D'AMANDE	530	46	20	42	10	5	40	25
RIZ AU POULET ET PARMESAN	530	38	15	61	8	4	15	25
BŒUF ET BOKS CHOYS	470	36	9	60	15	4	25	40

VALEURS NUTRITIVES

«ONE POT PASTA»

RECETTE	ÉNERGIE (kcal)	PROTÉINES (g)	LIPIDES (g)	GLUCIDES (g)	SUCRES (g)	FIBRES (g)	CALCIUM (% VQ)	FER (% VQ)
FIESTA MEXICAINE	590	43	15	71	19	10	35	40
FUSILLI EDAMAMES ET KALE	400	22	6	65	11	13	25	45
LASAGNE ITALIENNE	590	45	15	68	13	9	45	50
NOUILLES DE SOBA, POULET ET GINGEMBRE	450	38	9	54	11	2	6	30
MACARONI TANDOORI	490	22	6	86	11	15	20	45
FLÉTAN ET SALSA FRUITÉE	420	35	6	56	7	8	10	35
SPAGHETTI SAUCE À LA VIANDE	530	37	12	69	15	9	35	45
PAËLLA	420	31	3	67	6	4	15	45
TAGLIATELLE PORC ET MIEL	440	38	7	57	14	4	6	25
VERMICELLES DE RIZ AUX CREVETTES	530	33	15	66	15	5	20	45

NOS PETITES DOUCEURS

RECETTE	ÉNERGIE (kcal)	PROTÉINES (g)	LIPIDES (g)	GLUCIDES (g)	SUCRES (g)	FIBRES (g)	CALCIUM (% VQ)	FER (% VQ)
GALETTES CHOCO-BANANE	120	4	4	17	4	3	2	8
BARRES TENDRES CHOCO-COCO	270	4	18	23	11	4	2	10
MUFFINS À LA CITROUILLE	230	8	10	27	8	6	10	15
BOUCHÉES CHOCOLATÉES PROTÉINÉES	60	2	3	7	6	1	2	2
BOULES D'ÉNERGIE AU BEURRE DE SOYA	130	3	7	13	7	2	2	6
MUFFINS POIRE-CHOCOLAT	180	5	3	33	17	4	4	10
CRÊPES BANANES ET YOGOURT GREC	80	5	1	13	4	2	4	4
MUFFINS FRAMBOISES ET CHOCOLAT BLANC	290	6	18	27	14	4	15	10
PETITS CARRÉS AUX FRUITS	240	5	15	22	11	5	4	10
BARRES VITALITÉ	240	8	11	26	14	5	4	20
GRANOLA À l'ABRICOT	100	3	5	10	4	2	2	6
BISCUITS ABRICOTS-PACANES	190	4	18	26	8	3	6	10

INDEX

Cet ouvrage a été achevé d'imprimer au Québec sur les presses
de Transcontinental le trente-et-un juillet deux mille dix-huit
pour le compte des Éditions du Journal.